मेरा भी एक गाँव है

संजय कुमार

ISBN 978-93-5458-197-7

Published in India 2022 by Pencil

A brand of
One Point Six Technologies Pvt. Ltd.
123, Building J2, Shram Seva Premises,
Wadala Truck Terminal, Wadala (E)
Mumbai 400037, Maharashtra, INDIA
E connect@thepencilapp.com
W www.thepencilapp.com

Author biography

लेखक पेशे से एक बैंकर और लेखक हैं। इनके लेख बैंक के गृह पत्रिकाओं मे प्रकाशित होते है। एक लंबे समय से यह ब्लॉग भी लिखते आ रहे है।

इनकी पहली पुस्तक 'The process of achievement-a practical approach to achieve your goals' पाठकों ने बहुत पसंद किया और सराहा।

इनकी लेखनी सहज़, सरल और प्रेरणादायक होती है।

पढ़ने-लिखने के अलावा साइकलिंग, मैराथॉन, और प्रकृति के साथ समय बिताना पसंद हैं।

संप्रति अपनी पत्नी इन्दु किरण, बेटा हर्ष कुमार और बेटी अनुष्का बाला के साथ राँची, झारखंड में रहते हैं।

CONTENTS

मेरा भी एक गाँव है

मैं सबसे पहले भगवान को सहृदय धन्यवाद देता हूँ। यह उनकी कृपादृष्टि है जिसकी बदौलत मैं अपने सपने को साकार करने की हिम्मत कर पा रहा हूँ।

मैं अपने पुत्र हर्ष का आभार व्यक्त करता हूँ जिसने इस पुस्तक को हिन्दी में लिखने के लिए जरूरी सॉफ्टवेयर को अपने लैपटाप में डाऊनलोड कर मेरी बहुत मदद की।

साथ ही मैं अपनी पत्नी इन्दु किरण का भी आभार व्यक्त करता हूँ जिन्होंने हमेशा ही मेरा उत्साह बढ़ाया है। इस पुस्तक के सम्पादन में उनका महत्वपूर्ण योगदान है।

इस पुस्तक को पाठकों तक पहुंचाने में बहुत सारे लोगों ने अपना योगदान दिया है मैं उन सभी का तहेदिल से शुक्रिया अदा करता हूँ।

इस पुस्तक की त्रुटियों को दूर कर इसे पढ़ने लायक बनाने के लिए मैं श्री शशांक युगल किशोर दुबे, महाप्रबंधक, राजभाषा विभाग आई॰डी॰बी॰आई॰ बैंक का भी आभार व्यक्त करता हूँ।

समर्पित

यह पुस्तक समर्पित है मेरे पूज्य पिताजी श्री मीठु बाबू, मेरी ममतामयी माँ व मेरी प्यारी बेटी अनुष्का और मेरे गाँव के उन सभी लोगों को जिन्होंने अपना वक़्त और प्यार मुझे दिया।

आत्मकथन– "मेरा भी एक गाँव है"

इंसान आसमान में उड़कर बड़ा नहीं बनता, वह बड़ा तभी कहलाता है जब वह अपनी मिट्टी से जुड़ा हुआ हो। प्रस्तुत पुस्तक **"मेरा भी एक गांव है"**के लेखक संजय कुमार अपनी मिट्टी से जुड़े होने के कारण सरल व्यक्तित्व के धनी हैं। जिस प्रकार उन्होंने अपनी भूली-बिसरी यादों को करीने से सँजोया है, वो अत्यंत सराहनीय है। बैंकिंग क्षेत्र की व्यस्त दिनचर्या और उस पर शाखा प्रमुख का दायित्व होने के बावजूद इतने वर्षों की यादों को समेटकर रोचक ढंग से लिखना वास्तव में एक बड़ी बात है।

मन के ऐसे भावों को संकलित करके काग़ज़ पर उतारना जिनसे बचपन की यादें जुड़ी हों, अपने आप में एक चुनौतीपूर्ण कार्य होता है। मुझे बेहद प्रसन्नता है कि लेखक ने इस चुनौती का सफलतापूर्वक सामना किया है और इसमें सफलता भी पाई है। उनकी रचना **"मेरा भी एक गाँव है"**इस बात का जीवंत प्रमाण है जिसे किसी अन्य साक्ष्य की आवश्यकता नहीं है।

लेखन इतना रोचक है कि हर दृश्य जैसे जीवंत हो उठा हो।

इस कृति में न केवल अपने बचपन को पुनः जिया गया है बल्कि उन सभी चरित्रों का भी सहज चित्रण किया गया है जिन्होंने उनके जीवन को प्रभावित किया है। उन्होंने अपने माता-पिता, परिवार एवं गाँव के अन्य लोगों का बहुत ही सजीव वर्णन किया है। आप पात्रों को पढ़ते-सुनते हैं तो ऐसा लगता है जैसे आप उन्हें साक्षात देख रहे हों और सब कुछ आपके सामने ही घटित हो रहा हो।

ये तो आज का एक कड़वा सच है कि कितने ही लोग अपनी जन्मभूमि को भूलकर शहरों की ओर निकल जाते हैं और वहां की खोखली चकाचौंध के चक्रव्यूह में फँसकर अपने आप को आधुनिक और प्रगतिशील साबित करना शुरू कर देते हैं। किंतु वे ये भूल जाते हैं कि उनकी जड़ें तो गाँव से ही जुड़ी हुई हैं। संजय कुमार ने अपनी इस कृति के माध्यम से यही संदेश देने की कोशिश की है कि आप अपनी मिट्टी से जुड़े रहकर ही पुष्पित और पल्लवित हो सकते हैं। उसी में आपका जीवन छिपा है।

अच्छी बात यह है कि इस पुस्तक को बिना किसी विराम के आसानी से पढ़ा जा सकता है क्योंकि पूरा कथानक सिलसिलेवार चलता रहता है और आपकी आँखों के सामने

किसी चलचित्र के सामान दृश्य चलते नज़र आते हैं। सबके बड़ी और उल्लेखनीय बात यह है कि लेखक की कोई भी विशेष साहित्यिक पृष्ठभूमि न होने के बावजूद भी उन्होंने भाषा को बहुत सरल और संयत तरीके से लिखा है। देशज शब्दों का प्रयोग इनकी भाषा की सुंदरता को बढ़ाता है।

इस रचनाकृति की विशिष्टता यही है कि इसमें उन सभी व्यक्तियों को बहुत सम्मान दिया गया है जो अत्यंत साधारण से लोग थे। उनके साथ अपने अनुभवों और स्मृतियों के माध्यम से उनकी छोटी छोटी बातों को याद रखना और साझा करना एक बड़ी बात है। इसमें गाँव की मिट्टी की सोंधी महक आपको आसानी से मिलेगी और साथ ही अस्सी के दशक में बिहार के गांवों की व्यवस्था और वातावरण से भी आप पूर्णतया अवगत हो सकेंगे।

अंत में, इतना अवश्य कहना चाहूंगी कि सबसे महत्वपूर्ण कार्य है लिखना और अपने भावों को बिना किसी लच्छेदार भाषा की चिंता किए निरंतर अभिव्यक्त करते जाना। इसके लिए मैं कृति के लेखक संजय कुमार की प्रशंसा करती हूँ और मेरी शुभकामना यही है कि वो और भी बहुत कुछ ऐसा लिखें जिससे हर व्यक्ति को प्रेरणा मिले। उनके इस संकलन को पढ़कर मुझे

यही अनुभूति हुई कि काश! मैं भी ये कह पाती : **“मेरा भी एक गाँव है”**

अर्चना भारद्वाज
#9818516415
archana.p.bhardwaj@gmail.com

पाठ

भूमिका

मेरी उम्र अब 44 साल है और पिछले 20-22 सालों से बैंक में कार्यरत हूँ। बैंकिंग कार्यकाल के दौरान मेरी पोस्टिंग विभिन्न राज्यों में होती रही है। संप्रति झारखंड की राजधानी रांची में आई.डी.बी.आई. बैंक की मुख्य शाखा में शाखा प्रबन्धक के पद पर कार्यरत हूँ। यहाँ मैं अपनी पत्नी इन्दु किरण और दोनों बच्चों हर्ष और अनुष्का के साथ रहता हूँ।

पिताजी को आयकर विभाग से कार्यालय अधीक्षक के पद से 2003 में सेवानिवृत्त हुए लगभग 19 साल हो चुके हैं। सेवानिवृत्ति के बाद झारखंड की स्टील सिटी जमशेदपुर में परिवार के साथ रह रहे हैं। कार्यकाल के दौरान उनकी पोस्टिंग झारखंड राज्य में ही ज्यादा रही थी। उस समय यह राज्य बिहार का हिस्सा था। उनका तबादला अमूमन 5-6 सालों में हो जाया करता था इसलिए मेरी बारहवीं तक की पढ़ाई झारखंड के विभिन्न शहरों जैसे राँची, धनबाद, पलामू, हज़ारीबाग आदि में हुई।

उसके बाद मैं कृषि में स्नातक करने मुज़फ्फ़रपुर चला गया। वर्ष 2000 में मैंने केनरा बैंक ज्वाईन कर लिया। भारत के विभिन्न राज्यों जैसे कर्नाटक, उत्तरप्रदेश, पंजाब, चंडीगढ़ में काम करने के बाद 2018 में झारखंड के जमशेदपुर में पोस्टिंग मिली। इस बीच 2008 में मैंने केनरा बैंक से आई.डी.बी.आई. बैंक ज्वाईन कर लिया।

वैसे तो किताबों में मेरी रुचि बचपन से रही और थोड़ा बहुत लिख भी लेता था परंतु गंभीरता से लिखने का विचार 2019 में आया। पिछले दो सालों से लगातार अपने बैंक की गृह पत्रिका 'विकास प्रभा' के लिए लेख लिख रहा हूँ। मेरी एक पुस्तक **"The process of achievement-A practical guide to achieve your goals."** भी प्रकाशित हो चुकी है, जिसे पाठकों ने बहुत सराहा। इतने सालों तक शहर में रहने के बाद भी मुझे मेरे गाँव में बिताए हुए दिन आज भी अच्छी तरह याद हैं। यह पुस्तक मेरे गाँव, वहाँ के लोग और उनसे जुड़ी घटनाओं के बारे में है। यह घटनाएँ उस समय की हैं जब मैं स्कूल में था। ज़्यादातर घटनाएँ और यादें 1980 से लेकर 1989 तक की हैं, यानी 80 के दशक की। तीस से चालीस वर्षों का अंतराल है, जब मैं यह लिख रहा हूँ।

पिताजी की पोस्टिंग के दौरान मैं और मेरे दोनों भाई स्कूल में पढ़ते थे। मेरे बड़े भाई का नाम रवि किशोर है, वह मुझसे तीन साल बड़े हैं और छोटा अनिल कुमार मुझसे पाँच साल

छोटा है। प्रायः भाइयों के नाम राइम्स पर आधारित होते हैं परंतु हमारे नाम के साथ ऐसा नहीं है। गर्मी की छुट्टियों में पिताजी हमें गाँव ले जाया करते थे। यह लगभग हर साल का किस्सा था। कभी-कभी छठ पूजा में भी हम लोग गाँव जाया करते थे।

माँ छठ पूजा करती थी उन्हें गाँव में पूजा करने में सहूलियत होती थी क्योंकि गाँव में चाचीजी के द्‌वारा हर तरह की मदद मिल जाया करती थी। चाचीजी हम बच्चों को संभालने के अलावा छठ पूजा में माँ का पूरा सहयोग करती थी। इसके अलावा कभी नजदीकी रिश्तेदारों की शादी में भी चले जाते थे। उस समय ऐसा लगता था जैसे पूरा गाँव ही एक परिवार है और गाँव के हर घर में हमारे रिश्तेदार हों।

अक्सर हम बच्चे खेलते-खेलते किसी भी घर में घुस जाया करते थे और कहीं भी खा-पी लेते थे। ये बात ना हमें अजीब लगती थी और ना हमारे घर वालों को और न ही गाँव में किसी को। कभी कभार गाँव जाने की वजह से हमारा गाँव में बड़ा मान भी हुआ करता था। ऐसा भी होता था कि कई दफ़ा पिताजी हमें एक-दो महीने के लिए गाँव छोड़कर वापस अपने काम पर लौट आते थे। ऐसी कई घटनाएँ किस क्रम में हुई यह तो मुझे याद नहीं इसलिए घटनाओं को मैं क्रमबद्‌ध नहीं कर सका।

इस पुस्तक को लिखने के मेरे दो उद्‌देश्य थे। एक तो मैं

आज की युवा पीढ़ी को गाँव की झलक दिखलाने का प्रयास करना चाहता हूँ जिससे वो अछूते हैं। दूसरे कई ऐसे पाठक होंगे जो अपने जीवन में घटित घटनाओं को लिखना चाहते होंगे, लेकिन संकोचवश लिख नहीं पाते लेकिन मुझे पूरा विश्वास है कि वो लिख सकते हैं और बेहतर लिख सकते हैं मगर यह समझ नहीं पाते कि कैसे लिखें? ऐसे पाठकों को इस पुस्तक के माध्यम से रास्ता मिल जाएगा। यदि मैं अपने पाठकों में से कुछ को भी उनको अपनी कहानी लिखने को प्रेरित कर सका तो मैं अपने उद्देश्य को सफल समझूँगा।

यात्रा की शुरुआत

1986 तक पिताजी की पोस्टिंग रांची में थी और उसके बाद 1992 तक धनबाद में। तब मैं स्कूल में था 1991 में मैंने दसवीं की परीक्षा पास की। दसवीं के बाद इंटरमीडिएट (प्लस टू) की पढ़ाई कॉलेज में होती थी।

गाँव जाना हमारे लिए किसी उत्सव से कम नहीं होता था। जब भी गाँव जाने का फैसला होता उस समय से ही तैयारियाँ शुरू हो जाती थी और हमारा उत्साह दुगना हो जाता। एक-दो दिन पहले से माँ रास्ते में खाए जाने वाले बिहारी पकवानों की पूरी तैयारी कर लिया करती थीं। हमारे यहाँ बिहार में 'ठेकुया' और 'निमकी' का प्रचलन सदियों से है। ये पकवान ना तो जल्दी खराब होते हैं और खाने में भी स्वाद से भरपूर होते हैं।

ठेकुया मीठा और निमकी नाम से ही ज़ाहिर है नमकीन हुआ करती है। माँ-पिताजी जरूरत का सामान और गाँव में रिश्तेदारों के लिए उपहार बाज़ार से ले आते और हमारी पैकिंग शुरू हो जाती। हम सभी भाई यथासंभव माँ-पिताजी के कामों में हाथ बंटाने की कोशिश करते। हम अपनी प्रिय पुस्तकें या

खिलौनें भी साथ ले जाया करते थे गाँव में अपने चचेरे भाइयों और दोस्तों के साथ पढ़ने और खेलने के लिए। इसके लिए माँ-पिताजी हमें कभी मना नहीं करते थे बल्कि याद ही दिला देते थे।

ट्रेन के समय के अनुसार सवारी बुलाई जाती फिर हम सब रेलवे स्टेशन के लिए निकल पड़ते। रेलवे स्टेशन पर पहुँच कर हमें थोड़ी देर ट्रेन का इंतजार करना होता क्योंकि ट्रेन या तो दूसरे स्टेशन से आती या फिर यार्ड से प्लैटफ़ार्म पर आती थी। ऐसे में हम प्लैटफ़ार्म पर चादर बिछाकर आराम से बैठकर ट्रेन का इंतजार करते थे। पिताजी हमारे लिए कॉमिक्स, चम्पक, चन्दामामा या नन्दन खरीद देते और अपने लिए मनोहर कहानियाँ ले लेते।

माँ पढ़ी नहीं थी इसलिए हम तीनों भाई ही उन्हें कहानियाँ पढ़कर सुनाया करते थे। हम भाइयों की ख़ुशी देखते बनती थी जब माँ आनंद लेते हुए कहानी सुनती थीं। पढ़ने की ये आदत आज तक बनी हुई है। अब भी जब कभी मैं अकेले या परिवार के साथ सफ़र करता हूँ तो अपने लिए मैगज़ीन या कोई किताब जरूर खरीदता हूँ।

स्टेशन का माहौल कोलाहलपूर्ण होता था। कभी कोई मालगाड़ी धड़-धड़ करती धीरे-धीरे पटरियों से आगे को जाती तो कभी पैसेंजर ट्रेन को पकड़ने के लिए यात्री भागते नजर आते। चाय-चाय आवाज देते चायवाले तो बच्चों के लिए तरह-

तरह के खिलौने बेचने वाले भी प्लैटफ़ार्म पर इधर-उधर दिखते। प्लैटफ़ार्म पर जरूरत की लगभग सभी चीजें फेरीवालों के पास उपलब्ध रहती थीं। हवा से फूलने वाले तकिये से लेकर ताले-चाभी से लेकर साबुन तक।

प्लैटफ़ार्म पर एक चलते-फिरते मार्केट का अहसास होता। हमारी ट्रेन शाम या देर रात से खुलती थी तब तक जब भी कोई ट्रेन की लाइट दूर पटरी पर आती दिखती तो हम खड़े होकर देखते कि हमारी ही ट्रेन आ रही है या नहीं। पिताजी मना करते कि हम बार-बार इस तरह पटरियों के नजदीक ना जाएँ। ट्रेन जब प्लैटफ़ार्म पर आती तो पिताजी बोगी नंबर का मिलान करते थे। उन दिनों कोच संख्या जैसे कि एस1, एस2, बी1, एच1 की जगह बोगी नंबर टिकटों पर लिखे जाते थे-खाकी रंग के आयताकार टिकट।

सबसे ज़्यादा मज़ा वहाँ प्लैटफ़ार्म पर लगी वेइंग मशीन पर आता था क्योंकि वो भी ऐसे ही टिक़ट उगलती थी। उन टिकटों को हम इकट्ठा किया करते थे। मुझे वजन जानने में कोई दिलचस्पी नहीं थी पर वजन वाली टिकट के पीछे व्यक्ति के व्यक्तित्व के बारे में जो कुछ लिखा होता था बस उसी में ही रुचि जरूर थी।

बोगी संख्या का मिलान कर हमलोग अपनी बोगी (कोच) में प्रवेश कर अपनी निर्धारित बर्थ पर पहुँचकर बैठ जाते थे। अगर एक ही लोअर बर्थ मिलती तो फिर मेरे और भैया के बीच

खिड़की के सीट के पास बैठने के लिए झगड़ा होता जिसमें अक्सर मैं हार जाता था। अगर खिड़की की सीट मुझे मिल जाती तो फिर मेरे लिए एक ही काम होता बाहर पेड़, पहाड़ों, नदियों, पशु-पक्षियों को देखते हुए कल्पना की दुनिया में खो जाना और अगर खिड़की की सीट नहीं मिलती तो मैं कॉमिक्स या मैगज़ीन पढ़ता रहता। इस तरह हमारा सफ़र गुजरता। राँची से पटना या धनबाद से पटना एक रात का सफ़र है।

थोड़ी देर बाद हम सब खाना खाते और फिर सो जाते। सुबह जब आँख खुलती तब हम गया स्टेशन पार कर जहानाबाद स्टेशन के आसपास होते थे। वहीं "चाय-चाय", "पेपर-पेपर" की आवाज से हमारी नींद खुलती। ट्रेन से बाहर दूर-दूर तक जहां तक आँखें देख सकें हरियाली ही हरियाली दिखाई देती थी। जब धान की फ़सल-खरीफ का मौसम होता तो दृश्य और भी मनोरम होता था। जहाँ धान की रोपणी हो चुकी होती वहाँ हरे-हरे पौधे दिखते और कहीं खेतों में किसान और मजदूर, ज़्यादातर औरतें, खेतों में धान की रोपणी यानी ट्रांसप्लांटिंग करते दिखते थे।

ट्रेन तेजी से आगे बढ़ती जाती और पीछे छोड़ती जाती लंबे-लंबे ताड़, खजूर, शीशम के पेड़, आम के बग़ीचे और आकाश में उड़ते पंछियों को और साथ ही छूटती जातीं कई यादें- होमवर्क, ट्यूशन, स्कूल और आगे दिखती सिर्फ गाँव की मस्ती। साथ लाये पकवानों का हमलोग नाश्ता करते और साथ बैठे यात्रियों

से ऐसे घुल-मिल कर बातें करते जैसे कोई हमारा पुराना मित्र या रिश्तेदार मिल गया हो। इस तरह हमारा सफ़र बहुत ही सुखद तरीके से कट जाता और हम पटना जंक्शन पहुँच जाते यहाँ से हमलोग बस से हाजीपुर जाते।

पटना से हाजीपुर जाते समय बस जब गंगा नदी के ऊपर बने महात्मा गांधी पुल पर से गुजरती तो मन बाहर झाँकने को करता। जब बस पुल के बीचों-बीच पहुँचती तो पानी की गहराई और पानी में उठते भँवर से मन भय और रोमांच से भर उठता। गंगा मईया को बस में बैठे यात्री प्रणाम करते और कई लोग नदी में सिक्के अर्पण करते। देखने में तो अजीब लगता था, परंतु आज सोचता हूँ, तो लगता है यह लोगों का नदियों के प्रति अपनी कृतज्ञता प्रकट करने का तरीका था।

'केले-केले, हाजीपुर के चिनिया केले' जब यह आवाज कानों में आती, इसका मतलब कि हम हाजीपुर पहुँच गए। वैसे तो हाजीपुर कई चीजों के लिए मशहूर है, जैसे मकई, गोभी के बीज, विश्व-प्रसिद्ध सोनपुर पशु मेला, परंतु वहाँ के चिनिया केलों की बात ही कुछ और है। इस प्रजाति के केलों के पेड़ गंगा किनारे हाजीपुर की तरफ बहुतायत मात्रा में पाये जाते हैं। ये छोटे-छोटे आकार के बहुत मीठे केले होते हैं।

हाजीपुर वैशाली जिले का मुख्यालय है जो पटना से लगभग 20 किलोमीटर दूर। महात्मा गांधी सेतु के बनने के बाद यह रास्ता अब आधे घंटे में तय हो जाता है। यह 5.75 कि.मी. लंबा

सेतु है जो 10 वर्षों में 1982 में बनकर तैयार हुआ था। इसके पहले पटना से हाजीपुर जाने के लिए स्टीमर बोट का इस्तेमाल होता था। मुझे एक ऐसे सफ़र की धुंधली तस्वीर याद है जब महेंद्रु घाट पटना से पहलेजा घाट हाजीपुर तक स्टीमर बोट जाती थी।

बस इतना याद है कि पीछे जाती तेज पानी की धार बहुत रोमांचकारी लगती थी। मैं छोटा था तो थोड़ा डर भी लगता था। जब तक गंगानदी पर सेतु नहीं बना था लोगों का एक पार से दूसरी पार जाना कम ही होता था। शायद यही वजह रही होगी कि एक-पार से दूसरे पार शादियाँ भी कम ही होती थी। एक शहर से दूसरे शहर की दूरी को पाटने में नदी के ऊपर बने सेतु और पुलों का बड़ा महत्व है।

वैशाली बिहार का एक मशहूर जिला है जिसका बड़ा ही ऐतिहासिक महत्व है। यहाँ जैन धर्म के 24वें तीर्थंकर महावीर जैन का जन्मस्थल है साथ ही महात्मा बुद्ध का शांति स्तूप भी है। कहते हैं महात्मा बुद्ध यहाँ तीन बार आए थे और अपना सर्वाधिक समय यहाँ बिताया था। दुनिया का प्राचीनतम गणराज्य होने का गौरव भी लिच्छियों द्वारा शासित वैशाली को प्राप्त है। हाजीपुर से वैशालीगढ़ को एक मार्ग जाता है, उसी मार्ग पर लगभग 20 किलोमीटर की दूरी पर लालगंज है। लालगंज वैशाली जिले के 16 ब्लॉकों में से एक है इस ब्लॉक से लगभग ३ किलोमीटर की दूरी पर है मेरा गाँव-कमालपुर।

हाजीपुर पहुँचने के बाद लालगंज जाने के लिए वहाँ जीप में बैठकर एक-दो घंटे इंतजार करना पड़ता था। जब जीप पूरी तरह से भर जाती तभी वहाँ से लगभग एक-डेढ़ घंटे में लालगंज पहुँचते। लंबे इंतजार और सिंगल सड़क होने की वजह से हाजीपुर से लालगंज तक का सफ़र काफी उबाऊ होता था। लालगंज स्टैंड पर ताड़ के लंबे-लंबे पेड़ थे। जैसे ही जीप स्टैंड तक पहुँचती और हमें वहाँ ताड़ के लंबे पेड़ दिखने लगते तब मैं राहत की साँस लेता।

स्टैंड से ही पिताजी एक रिक्शा ले लेते। मैं पिताजी की गोद में बैठ जाता, छोटा भाई अनिल माँ की गोद में और बड़े भैया रवि, माँ और पिताजी के बीच। एक बड़ा सूटकेस पैरों के पास और उसके ऊपर दो छोटे-छोटे बैग। रिक्शावाला स्टैंड से निकलकर आगे बढ़ता तो एक पोस्ट-ऑफिस आता था। उसके आगे बाज़ार था वहाँ पर थोड़ी देर रुककर पिताजी अपने भाईयों-भाभियों, भतीजे-भतीजियों, पड़ोसियों के लिए मिठाइयाँ वगैरह ख़रीदते फिर रिक्शे से हम गाँव की ओर चल पड़ते थे। सुनसान सड़क पर इक्का-दुक्का साइकिल सवार और पैदल चलते लोग दिखते थे। सड़क के दोनों तरफ छाँव करते शीशम के पेड़, सामने लहलहाते खेत, ऊंचे-लंबे ताड़ और खजूर के पेड़, आम, अमरूद, लीची के बगीचे बहुत ही सुंदर नजारे प्रस्तुत करते और हम इन्हीं नजारों के बीच आगे बढ़ते जाते।

लगभग ढ़ाई किलोमीटर की दूरी तय करने के बाद एक

मलंग स्थान आता था वहाँ पर एक विशाल पीपल का पेड़ था। पिताजी उस पीपल के पेड़ के चारों ओर एक चबूतरा बनवाना चाहते थे जिससे राहगीर जब धूप में थक जाएँ तो वहाँ दो पल रुककर उस पेड़ की ठंडी छांव में आराम कर लें। पिताजी वहाँ चबूतरा बनवाने का सोच ही रहे थे कि किसी ने वहाँ चबूतरा बनवा दिया। किसने? यह मुझे नहीं मालूम। यहीं मलंग स्थान से बायीं ओर कच्ची सड़क पकड़कर जाना होता था अपने गाँव को। एक और दूसरा रास्ता भी था गाँव जाने का थोड़ा जो आगे लगभग आधा किलोमीटर चलने के बाद एक पुल से आता था। वो पुल एक नहर के ऊपर बना था वहाँ से एक रास्ता हमारे गाँव की तरफ जाता था।

मलंग स्थान से जैसे ही हम कच्ची सड़क पर मुड़ते हमें एक पोखर मिलता जो हमेशा पानी से भरा रहता था। उस पोखर के बीचों-बीच एक काले रंग का खंभा था जिससे पता चलता था कि उस पोखर में कितना पानी है। उसी पोखर के किनारे एक स्कूल था। मिडिल स्कूल यानी सातवीं तक की पढ़ाई वहाँ होती थी। पिताजी ने अपनी सातवीं तक की शिक्षा उसी स्कूल से की थी। तीस साल पहले हमारे गाँव में कोई हाई स्कूल नहीं था। दुखद बात यह है कि आज भी नहीं है।

वहाँ से आगे बढ़ने के थोड़ी देर बाद हम सबसे पहले पहुँचते थे देवकी पंडित के बथान पर। बथान जहां मवेशियों को रखा जाता है। यहाँ बथान घर के बाहर ही बनते हैं। जब मेरी

पोस्टिंग कर्नाटक में थी तो वहाँ के गाँव भी मैंने देखे थे। किसानों के घर इस तरह बने होते थे कि मवेशियों को रखने के लिए घर में ही जगह होती थी परंतु बिहार के गाँव में ऐसा नहीं है। बिहार में मवेशियों के लिए अलग से बथान बनाए जाते हैं जहां रात को बैलों, गायों और अन्य जानवरों की रक्षा के लिए किसान वहाँ सोते भी हैं।

देवकी पंडित के बथान के पास ही कुछ और लोगों के भी घर थे। जैसे ही हमारी रिक्शा वहाँ पहुँचती हमारा घर दिखाई देने लगता था। बच्चे रिक्शे के पीछे चिल्ला-चिल्लम करते और झुंड बना कर उसके पीछे हो लेते। बड़े भी वहीं से हाल-चाल पूछने लगते। कोई दो क्षण विश्राम करने का अनुनय करता तो कोई गुड़ का शर्बत पीकर जाने का आग्रह करता। लोग इतना प्यार-दुलार और सम्मान देते कि ऐसा महसूस होता मानो दुनिया के शहँशाह हम ही हैं।

बहरहाल थोड़े आगे बढ़ने पर हम घर पहुँचते। रिक्शावाला कुछ खाकर और पानी पीकर अपने को गौरान्वित महसूस करता। उसके चेहरे की खुशी देखकर ऐसा लगता मानो आज उसने कोई बड़ा काम किया है। वाकई खुशी काम के अंदर नहीं, इंसान के अंदर होती है और आज हम खुशी ढूंढते हैं कि 'मैं कितना कमाता हूँ?' पर यह बेसिक चीज हम क्यों भूल जाते हैं कि पोजिशन और पज़ेशन जिसके लिए हम अपनी पूरी जिंदगी झौंक देते हैं वह कभी खुशी नहीं दे सकती। आखिर यह

पोजिशन और पज़ेशन का दौर तो कभी न खत्म होने वाला है जिसमें जीतने वाले की अक्सर हार होती है।

पर मैं ऐसा बिलकुल नहीं कह रहा हूँ कि इन चीजों के लिए इंसान को कोशिश नहीं करनी चाहिए। बिलकुल करनी चाहिए। अगर किसी में काबिलियत है तो उस काबिलियत का उपयोग जरूर करना चाहिए परंतु जिंदगी में जो ज्यादा जरूरी चीजें हैं उसे नजरंदाज किए बिना। उदाहरण के लिए अगर कोई पोज़िशन में आगे बढ़ते चले गए और पज़ेशन भी बढ़ता गया लेकिन इसके लिए आप अपनों को नजरंदाज करते चले गए या फिर अपनी सेहत का ख्याल नहीं रखा तो मेरी समझ से ये कोई बड़ी उपलब्धि नहीं है। मैं इस चीजों को समझ सकता हूँ क्योंकि मैं उन रास्तों से गुजर चुका हूँ, मैं भी कभी इसी दौड़ में शामिल था। लेकिन शुक्र है भगवान का कि समय रहते मुझमें सद्‌बुद्‌धि आ गई और जिंदगी की प्राथमिकताओं को मैं समझ पाया।

रिक्शावाला हमारे गंतव्य पर छोड़ वापस चला जाता। उन दिनों मोबाइल फोन जैसी कोई सुविधा नहीं थी परंतु संचार की तीव्रता में कोई कमी नहीं थी। हमारे पहुँचने की खबर लोगों तक हमारे गाँव में प्रवेश करते ही पहुँच जाती थी। जब तक हम घर पहुँचते तब तक आसपास के लोग माँ-पिताजी से मिलने घर पहुँच जाते थे। प्रणाम-आशीर्वाद का दौर शुरू हो जाता। मिठाइयाँ बांटी जाती, उपहारों का वितरण होता। इतने लंबे

सफर के बाद भी थकान का नामों-निशां न होता।

जो थोड़ी बहुत थकान होती वो कुएँ का ठंडा-निर्मल जल पीने और नहाने के बाद खत्म हो जाती थी। उस समय गाँव में कुएँ का ही प्रचलन था। किसी भी घर में हैंड-पम्प या मोटर-पम्प की सुविधा नहीं थी। एक गाँव में कई कुएँ हुआ करते थे। गाँव के सभी घरों की जलापूर्ति इन्हीं कुओं से हुआ करती थी। लोहे की छोटी बाल्टी में मूँज की लंबी रस्सी बांधकर कुएँ से पानी निकाला जाता था।

गाँव तो सबके होते हैं ऐसा मुझे लगता था। पर आज मुझे यह जानकर थोड़ा अचरज जरूर होता है जब लोग मुझे बताते हैं कि उनके दादाजी गाँव से आकर शहर में बस गए और फिर उन्होंने गाँव जाना छोड़ दिया। कुछ लोग ऐसे भी हैं जो यह कहते हैं कि गाँव तो है, 'लेकिन मैं शहर में ही पला-बढ़ा हूँ और हम गाँव नहीं जाते हैं,' जैसे अगर यह कहेंगे कि गाँव से उनका कोई संबंध है तो कहीं सुनने वाले को यह न लगे कि वो गाँव के हैं और बहुत से नासमझ लोगों के लिए गाँव का मतलब है अशिक्षित, जाहिल, गंवार, असभ्य लोग।

गाँव तथा गाँव के लोगों के बारे मेरे विचार कुछ भिन्न हैं। मुझे ऐसा लगता है कि आने वाले 15-20 सालों में गाँव में वही लोग रह सकेंगे जिनकी गाँव में खेती-बाड़ी होगी या फिर वे मजदूर वर्ग जो गाँव के रहने वाले होंगे जिन्हें गाँव में काम मिलता रहेगा। जिन्होंने अपने गाँव जाना छोड़ दिया चाहे

स्वेछा से या किसी मजबूरी में और यदि वे पुनः गाँव के जीवन का आनंद उठाना चाहेंगे तो उन्हें या तो आर्थिक रूप से स्वतंत्र होना होगा।

या फिर एक अमीर व्यक्ति बनना होगा ताकि वो कुछ दिनों तक अगर पैसों के लिए काम नहीं करेंगे तो भी उनके आमदनी में कोई फर्क नहीं पड़ेगा। ऐसा मुझे इसलिए लगता है क्योंकि इंसान की जो बुनियादी जरूरतें हैं वो प्रचुर मात्रा और उत्तम गुणवत्ता में केवल गाँवों में ही मिल सकती हैं। जैसे शुद्ध हवा, पानी, रसायनमुक्त खाद्य पदार्थ, प्रदूषण रहित वातावरण, साथ ही शहर जैसी सुविधाएं जैसे कि बिजली, मेडिकल सुविधाएं, वाई-फ़ाई इत्यादि।

युवा पीढ़ी में अब एक ऐसे वर्ग का उदय हो रहा है जो प्रकृति प्रेमी है जो स्टैंडर्ड ऑफ लिविंग से ज्यादा महत्व स्टैंडर्ड ऑफ लाइफ को दे रहे हैं और यही वजह है कि आज इको-टुरिज़्म का विकास बहुत तेजी से हो रहा है। शहर की बुनियादी सुविधाओं के साथ गाँव का प्राकृतिक माहौल मिले तो कोई क्यों ना कुछ फुर्सत के दिन वहाँ बिताना चाहेगा? अब सभी लोग पहाड़ों पर तो नहीं जा सकते हैं किन्तु आस-पास के गाँवों में तो जा ही सकते हैं।

हमारा परिवार

तीन भाई-बहनों में से मेरे पिताजी सबसे छोटे थे। उनके एक बड़े भाई यानी हमारे चाचाजी व एक बड़ी बहन यानी हमारी बुआ थीं। जब मैं छोटा था तभी मेरे दादाजी और दादीजी गुज़र गए थे इसलिए उन लोगों की मुझे बहुत ज्यादा याद नहीं है। उनकी कोई फोटो भी नहीं है हमारे पास। पर दादाजी की छवि जो उभरकर मेरे मन में आती है वो एक बूढ़ी सी काया है जिन्हें मोतियाबिंद की वजह से ठीक से दिखाई नहीं देता था। दादाजी से जुड़ी बस एक ही घटना मुझे याद है। एक बार हम भाइयों ने हमारे सबसे बड़े चचेरे भाई शंकर की अगुआई में उन्हें किसी बात पर गुस्सा दिला दिया जिस कारण उन्होंने वही लाठी फेंक कर मारने की कोशिश की जिसे पकड़ कर वे चलते थे।

दादी काफी हिम्मतवाली महिला थी। हमारी करीब एक एकड़ की बड़ी उपजाऊ जमीन थी गाँव में। उस ज़मीन को एक पड़ोसी ने गलत तरीके से अपने कब्जे में ले लिया था और उसके लिए दादीजी ने कोर्ट में केस कर किया था। कोर्ट का फैसला दादीजी के खिलाफ़ था क्योंकि तब दादाजी अपनी

आँखों की रौशनी खो चुके थे। मेरे चाचाजी तो पढ़े-लिखे नहीं थे और तब मेरे पिताजी भी बहुत छोटे थे। पिताजी बताते हैं कि उस कोर्ट केस ने दादीजी को न सिर्फ रुपए-पैसे से बल्कि मानसिक रूप से भी तोड़ दिया था। दादी जब गुजरी थी तो मैं बहुत छोटा था इसलिए उनकी भी ज्यादा याद नहीं है मुझे।

गाँव हो या शहर ऐसे दबंग लोग हर जगह मिल जायेंगें जो भोले-भाले लोगों की संपत्ति पर नज़र जमाएँ बैठे रहते हैं। मैं अपने दादाजी और दादीजी के बारे में जितना भी जानता हूँ वो केवल माँ और पिताजी से ही सुना है। वे ये भी बताते हैं कि अच्छी खेती-बाड़ी थी उनकी परंतु दादाजी को बाद में मोतियाबिंद की परेशानी के कारण कम दिखने लगा जिसकी वजह से कई सालों तक काफी मुसीबतों का सामना करना पड़ा। इसका असर पिताजी की पढ़ाई-लिखाई पर भी पड़ा। चाचाजी ने पिताजी की पढ़ाई में कई तरह की बाधाएँ डाली।

उनकी एक ही शिकायत रहती थी कि उन्हें खेती-बाड़ी करनी पड़ती है और पिताजी पढ़ते हैं। चाचाजी के लिए पढ़ने का मतलब कुछ नहीं करना था। पिताजी ने कई बाधाओं के बाद भी अपना हाई-स्कूल पास किया वो भी 60 के दशक में। हमारे घर-परिवार के लिए यह एक बहुत ही गौरव की बात है। पिताजी परिवार में पहले व्यक्ति है जिन्होनें मैट्रिक की परीक्षा पास की थी। उन दिनों हमारे गाँव में इक्का-दुक्का लोग ही मैट्रिक पास कर पाते थे। इनमें एक शिक्षक जिनका नाम गया

प्रसाद था उनका बहुत महत्वपूर्ण योगदान रहा जिन्होंने पिताजी की पढ़ाई में मदद की।

इसके लिए पिताजी उनका नाम हमेशा बड़ी श्रद्धा से लेते हैं। यह सच है कि भगवान सीधे प्रकट नहीं होते परंतु वे किसी ना किसी रूप में इंसान की मदद के लिए जरूर आते हैं। पिताजी बताते हैं कि एक बार कक्षा 6-7 में उन्हें कुछ वजीफ़ा मिला उसी की वजह से दादी भी पिताजी को स्कूल भेजने के लिए प्रोत्साहित हुईं। पिताजी को वजीफ़ा मिलने की वजह से दादी को भी लगा कि बेटा मेरा पढ़ाई-लिखाई में होशियार है। उन्हें इस बात का गर्व महसूस हुआ और उन्होनें पिताजी को आगे पढ़ने के लिए बढ़ावा दिया। मुझे कभी-कभी इस बात के लिए आश्चर्य होता है कि जिस गाँव में आज भी कई लोग दसवीं की पढ़ाई नहीं कर पाते वहाँ पिताजी ने कैसे इतने सालों पहले इतनी पढ़ाई की थी।

पिताजी के बड़े भाई को हम लोग चाचाजी कहते थे। चाचाजी के पाँच बच्चे हैं। तीन बेटे तथा दो बेटियाँ। जिस समय की मैं बात कर रहा हूँ उस समय उनकी दोनों बेटियों की शादी हो चुकी थी। तीन चचेरे भाइयों के साथ हम खेला-कूदा करते थे। सबसे छोटा चचेरा भाई शंभु मुझसे एक साल बड़ा था। उनके बीच वाला सम्पत मुझसे तीन-साढ़े तीन साल बड़ा था और सबसे बड़े शंकर लगभग 7-8 साल बड़े थे। पिताजी अपने बड़े भाई को भाईसाहब कह कर संबोधित करते थे। पिताजी

बताते हैं कि भाईसाब ने उनकी पढ़ाई में कई तरह की बाधाएँ पैदा की थीं, पिताजी स्कूल जाते थे और चाचाजी को खेती-बाड़ी के कामों में दादाजी का हाथ बँटाना पड़ता था। ऐसा नहीं था कि दादाजी ने उन्हें स्कूल नहीं भेजा था, परंतु उन्हें स्कूल जाना अच्छा नहीं लगा तो चाचाजी ने स्कूल जाना छोड़ दिया और वो पढ़े ही नहीं।

लेकिन यह भी सच है कि पिताजी अपने भाईसाब की बहुत इज्जत करते थे, यही वजह है कि पिताजी ने उनके तीनों बेटों की परवरिश कर उनको अपने पैरों पर खड़ा होने में मदद की और अपनी दो भतीजियों का विवाह भी करवाया। चाचाजी मस्त-मौला थे, न किसी बात की चिंता न किसी की फिक्र। फ़िर्क रहती थी तो बस अपने खाने और पीने की। मुझे याद है, बारिश के दिनों में चाचाजी खुद अपने हाथों से आरसी बनाते थे।

आरसी बांस की छोटी-छोटी टहनियों को छील कर बनाया जाता था, जिसका इस्तेमाल मछलियों को पकड़ने में किया जाता था, यह एक कला थी, अब गाँव में भी यह नहीं बनाए जाते हैं। चाचाजी ना सिर्फ आरसी बनाने में माहिर थे बल्कि वो कई तरह की टोकरियाँ, खजूर और ताड़ के पत्तों से चटाइयाँ भी बनाते थे। आरसी बनाने के बाद वो 5-6 आरसियों को लेकर चौर (गाँव के खेतों का वो निचला इलाका जहां बारह मास पानी जमा रहता था और वहाँ सिर्फ खरीफ़ के सीज़न में धान की

खेती होती थी) चले जाते, अलग-अलग मेड़ों पर वो आरसी लगा देते थे। 4-5 घंटों में वो ढ़ेर सारी मछलियाँ पकड़ कर ले आते थे। शायद ही ऐसा दिन था जब वो बिना मीट-मांस खाये और ताड़ी पिये बगैर रहते हों।

बहरहाल, बारिश के दिनों में हम भाईलोग भी अपनी बंसी बना लेते थे और चल पड़ते थे अपने शिकार की तलाश में यानी मछलियाँ पकड़ने। मुझे याद नहीं कि एक या दो बार से ज्यादा कभी मेरी बंसी में कोई मछली फंसी हों। हाँ, उलटा एक दिन एक जोंक जरूर मेरे पैर पर खून पीने को लिपट पड़ी थी। बड़ी मुश्किल से भाइयों ने उसे मुझसे अलग किया था। बहुत रोया था मैं। कष्ट हुआ था, लेकिन आज जब उन घटनाओं को याद करता हूँ तो मन को गुदगुदा जाती है। जिंदगी भी ऐसी ही है जब हम अपनी बाधाओं को पार कर अपनी मंजिल पाते हैं तो एक जीत का अहसास होता है और यह अहसास एक अनोखी खुशी देता है।

गाँव में उन दिनों बारिश बहुत होती थी। कभी-कभी तो इतनी मुसलाधार और लगातार दिन भर बारिश होती थी कि ना कहीं जा सकते थे और ना ही कोई आ सकता था। बस या तो घर के बरामदे में चुपचाप पड़े रहते और हम सभी भाई लोग कुछ ना कुछ खेल खेलते रहते। लेकिन ऐसे में भी चाचाजी अपना मस्त रहते। उन दिनों मकई खरीफ़ की फसल हुआ करती थी, आजकल मकई रबी के मौसम में ज्यादा लगते हैं।

सो बारिश के दिनों में मकई की फसल खड़ी होती थी तो वो भुट्टा तुड़वाते और भुनवाकर या खुद ही भूनकर मजे से खाते और हमें भी देते।

कभी-कभी तो लगता है आर्थिक स्वतन्त्रता तो असली में उनकी थी। आने वाले समय में हम सबको गर किसी चीज की सबसे ज्यादा जरूरत पड़ने वाली है तो वह है आर्थिक स्वतन्त्रता की। मैं ऐसा इसलिए कह रहा हूँ क्योंकि जिस तरह से शहर में भागादौड़ी, प्रदूषण और कोलाहल का वातावरण होता जा रहा है लोग गाँव की जिंदगी पसंद करेंगे। जो लोग शहर में रह चुके हैं वे गाँव में तभी रह सकते हैं जब वो आर्थिक रूप से स्वतंत्र हों। मेरा मतलब है उनके पास इतना पैसा होगा या ऐसी कमाई का जरिया होगा जिसके लिए उन्हें काम नहीं करना पड़ेगा। अमेरिका जैसे देशों में यह लोगों का एक आम सपना है तो भारत कैसे अछूता रह सकता है?

बुआ जिन्हें हम फुआ कहते थे, चाचाजी से छोटी और पिताजी से बड़ी थी। छोटे कद की, पतली दुबली सी काया, गोल गोरा चेहरा जिससे हमेशा स्नेह टपकता रहता था। उनका ससुराल वैशाली जिले के ही एक गाँव बसतपुर में था हमारे गाँव से कोई 15 कोस दूर। जब भी हम गाँव जाते उन्हें खबर लग जाती। मोबाइल और फोन नहीं होने के बावजूद उस समय की सूचना प्रणाली पता नहीं इतनी पुख्ता और तेज कैसे थी। वो हम लोगों से मिलने जरूर आती और साथ में खीर और दाल-

पूड़ी लाती थीं। खीर और दाल-पूड़ी मुझे बहुत पसंद है।

अच्छा लगता था जब वो आती थीं। पिताजी भी खीर, दालपूड़ी पसंद करते हैं जब भी कोई त्योहार या कोई सालगिरह होती तो यही पकवान बनता था हमारे घर में। अपने बड़े भाई की तरह बुआ भी चटाइयाँ और टोकरियाँ बनाने में माहिर थीं। छोटी-छोटी रंग-बिरंगी टोकरियाँ बहुत सुंदर बनाती थीं। टोकरियाँ, चटाइयाँ उस समय लगभग सभी घरों में बनाई जाती थी लेकिन आज ये बनने लगभग बंद हो चुके हैं। बस कभी-कभी मॉल या किसी प्रदर्शिनी में देखने को मिल जाते हैं। आज यह जरूरत से ज्यादा फ़ैशन की चीज़ें बन कर रह गई हैं।

फुआ को बीड़ी और हुक्का पीने की आदत थी। जब वो हुक्का पीती थीं तब हुक्के से जो गुड़-गुड़ की आवाज़ आती थी वो हम बच्चों को बड़ा अच्छी लगती थी। एक बार उन्होंने सम्पत यानि चाचाजी का दूसरे बेटे को बीड़ी लाने के लिए बाज़ार भेजा था। बीड़ी की मुट्ठी (पैकेट) से सम्पत ने दो बीड़ियाँ निकाल ली। फिर मैं, सम्पत और भईया एक मकई के खेत में घुस गए। वहाँ उन्होंने वो बीड़ी सुलगाई और दो-दो कश लगाए।

मिट्टी का घर

शुरू-शुरू में जब हम घर जाते थे तो हमारा मिट्टी का घर होता था। मुझे याद है कि 1988 तक हम उसी मिट्टी के घर में रहते थे। माँ बताती है कि जब उनकी शादी हुई थी तब वे उसी घर में रहते थे। लेकिन समय के साथ वो मकान जर्जर हो चुका था और फिर एक दिन बारिश में लगभग पूरी तरह से टूट गया। टाटी (बाँस और दूसरों पौधों के पत्तों की मदद से बनाया हुआ दीवार जैसा ढाँचा) का आँगन बनाया गया था।

पिताजी ने नए घर का शिलान्यास कर दिया था। परंतु इसी बीच एक दिन बड़ी जबर्दस्त बारिश हुई। खाना खाने के लिए बैठने की भी जगह न थी। मुझे याद है मैंने और पिताजी एक खटिया पर बैठकर छाता तानकर खाना खाया था। पिताजी से जब इस बिषय में कभी-कभी मैं बात करता हूँ तो उन्हें आश्चर्य होता है कि मुझे अभी तक यह वाक़या याद है। मैं कहता हूँ कि अच्छी बात है कि याद है। यह हमें हमारे पैर जमीन पर रखने में मदद करता है और यह भी याद दिलाता है कि हमने अपना सफर कहाँ से शुरू किया था।

नए घर बनाने के दौरान नेपाली मामा (मेरे दो मामा थे, छोटे मामा का नाम नेपाली है इसलिए हम उन्हें नेपाली मामा बुलाते हैं) ने काफी सहयोग दिया था। क्योंकि पिताजी को बहुत छुट्टी नहीं मिल पाती थी नौकरी की वजह से। फिर भी बीच-बीच में हम बनते घर को देखने चले जाते थे। धीरे-धीरे नया घर बन गया। एक आँगन, दो बाथरूम, एक घर के अंदर और एक बाहर। रसोई के साथ 4 बड़े कमरों वाला घर बना।

बड़ी ही प्लानिंग के साथ वह घर बनाया गया था। एक स्टोर रूम, एक पूजा रूम और यहाँ तक कि आँगन से ही छत पर जाने के लिए सीढ़ियाँ बनी थीं। छत पर से चारों ओर हरियाली दिखाई देती थी। पिताजी ने बड़ी ही धूम-धाम से गृह प्रवेश किया था जिसमें गाँव के नजदीकी लोगों ने बढ़-चढ़ कर हिस्सा लिया। रिश्तेदारों को भी बुलाया गया था।

उसी गृह प्रवेश के पूजा के दौरान पहली बार धोती पहनी थी मैंने। पीले रंग की धोती को पहनने में रामदेनी भाई ने मेरी मदद की थी। उसी समय मैंने धोती बाँधनी सीखी थी। इसके बाद मैं घर में भी कभी-कभी धोती पहन लेता था। धोती बांधने का एक तरीका होता है शायद वो भी एक दिन लुप्त हो जाएगा या शायद नहीं भी, थैंक्स टू यू ट्यूब चैनल्स।

नए घर की छत सीमेंट से ढलाई की गई थी इसलिए गर्मी के दिनों में अच्छी गर्मी लगती थी। यह सच है कि मिट्टी के घर गर्मी के लिए अनुकूल होते हैं परंतु अब तो गाँव में भी लोग

कूलर और एयर-कंडिशनर का इस्तेमाल करते हैं। 30-35 साल पहले गाँव में जो सुविधाएं उपलब्ध थीं और जो सुविधाएं शहरों में थीं उनमें बहुत ज्यादा फर्क था चाहे वो बिजली की सुविधा हो या कूकिंग गैस या रनिंग वॉटर या फिर स्कूल और हॉस्पिटल की।

एक बहुत बड़ा अंतर था गाँव और शहर के भौतिक सुख-सुविधाओं में। हालाँकि यह अंतर अब काफी हद तक तेजी से कम हो रहा है और यही कारण है मेरे विश्वास का कि आने वाले अगले 15-20 सालों मे लोग कस्बे और गाँव में रहना ज्यादा पसंद करेंगे। चूंकि शहर की सुविधाओं के साथ वो प्रकृति की गोद में शुद्ध वायु और रसायन रहित खाद्य पदार्थों का सेवन कर सकते हैं जोकि एक अच्छे स्वस्थ और अच्छे जीवन के लिए बहुत जरूरी है।

हमारे घर के पास एक कुआं था जो आस-पास के कुओं से दुगने माप का था। पानी बारह मास रहता था उसमें। पिताजी ने बड़े अरमान से वह कुआँ बनवाया था। बहुत ठंडा पानी रहता था उस कुएँ का। वहाँ नहाना हमेशा अच्छा लगता था, घर के बड़े हमें कुएँ से पानी निकाल कर देते और हम बच्चे कूद-कूद कर नहाने का मज़ा लेते। मुझे याद है वहीं पास में ही ऊरहुल का एक पौधा था जिसमें लाल-लाल फूल बहुत अच्छे लगते थे। एक लोंगी मिर्ची का भी पौधा होता था वहाँ।

लोंगी मिर्ची छोटे साइज़ की मिर्ची होती थी परंतु अत्यंत

तीखी। बाद में उस पौधे को वहाँ से हटा दिया गया। उसके बाद लोंगी मिर्ची के पौधे को न तो मैंने कभी देखा और न ही इसका नाम किसी के मुँह से सुना। पशु-पक्षियों की तरह कई पौधों की प्रजातियाँ भी खत्म होती जा रही है। घर के पीछे हमारे खेतों में खजूर के कई पेड़ थे और ताड़ के दो पेड़। इन्हीं पेड़ों की बदौलत चाचाजी जब तक रहे उन्हें ताड़ी की कभी कोई कमी नहीं हुई। उस खजूर की छाया में माँ को और दूसरी औरतों को बैठकर वहाँ बातें करते देखा था।

खजूर का फल भी हम लोग खाते थे, पके हुए खजूर काफी मीठे और स्वादिष्ट होते थे। कुछ खजूर के पेड़ मण्डल मियां के घर से लगते थे जो हमारे होते हुए भी मण्डल मियां ने कब्जा कर रखा था। जब आप कमजोर होते हैं, तो कई लोग इस बात का नाजायज फायदा उठाते हैं। गांधीजी ने कहा था अगर किसी व्यक्ति का चरित्र जानना है तो यह देखो कि वह अपने से कमजोर लोगों के साथ कैसा बर्ताव करता है। ऐसे चरित्र वाले अब कम ही मिलते हैं और मेरा ऐसा मानना है कि ऐसे लोग ही जिंदगी की लंबी दौड़ में सफल होते हैं क्योंकि समय के पास न्याय करने का अपना तरीका है।

दिनचर्या

गाँव की दिनचर्या भी कमाल की होती थी खासकर हमारे लिए जो वहाँ छुट्टियाँ मनाने जाते थे। हमें न स्कूल जाने की चिंता ना पिताजी को ऑफिस जाने की और ना ही माँ को हमें लंच तैयार करके देने की। उन दिनों हमारे गाँव में शौचालय नहीं था तो हमें खुले में शौच जाना होता था। मुझे यह बिलकुल पसंद नहीं था। मैं छोटा था फिर भी यह समझ पाता था कि महिलाओं के लिए एक बड़ी परेशानी थी। खुशी की बात है कि आज हमारे गाँव के लगभग सभी घरों में शौचलाय है और शायद हमारे गाँव को खुले में शौचालय मुक्त गाँव घोषित कर दिया गया है।

कभी-कभी सोचता हूँ कि आज जो खींचा-तानी और तनावपूर्ण जिंदगी हो गई है इसमें इस बात की भी अहम भूमिका है कि कल तक जो चीजें बिना पैसे ख़र्च किए उपलब्ध थीं आज उन सबके लिए हमें कुछ ना कुछ कीमत देनी पड़ रही है। मुझे यह बात दातुन से याद आ रही है। गाँव में हम कभी खजूर तो कभी बांस या अमरूद की पतली टहनियों की दातुन

बना लेते थे। जो सबसे प्रीमियम दातुन होता था, वह था हज़ार गुणों से भरपूर नीम का और यह सब कुछ था बिलकुल फ्री।

पीने तथा नहाने के लिए हम कुएँ का पानी इस्तेमाल करते थे। हाँ कुएँ से पानी निकालना एक मशक्कत का काम था। गाँव में नहाने के लिए एक और मजा था बोरिंग में नहाने का। पिताजी ने एक बोरिंग लगवाई थी। साथ ही अगर आस-पास किसी का बोरिंग चलता तो वहाँ जाकर भी हम नहा आते थे। जब भी किसी की बोरिंग चलती कई लोग वहाँ नहाने आ जाते थे।

उन दिनों बाल धोने के लिए शैम्पू का इस्तेमाल नहीं होता था। सैशे भी अभी बाज़ार में नहीं आए थे। हम साबुन का इस्तेमाल करते थे लेकिन गाँव के कुछ महिलाओं को मैंने चौर की पीली मिट्टी से बाल धोते देखा था। मैंने भी एक दो दफा उस पीली मिट्टी से बाल धोए थे और सच मानिये बाल वाकई मुलायम हो जाते थे। अब हम मुल्तानी मिट्टी दाम दे कर खरीदते है। मुझे लगता है ऐसी बहुत सारी चीजें थी जो प्रकृति ने हमे मुफ्त में दी थी परंतु हमने सभी चीजों का व्यापारीकरण करके अपने जीवन को जटिल और मुश्किल बना दिया है।

हम रोजाना खेतों में जाया करते थे। खेतों में जो सबसे ज्यादा परेशान करने वाली चीज थी वह मूंग की फसलों के बीच में मौजूद बड़ी तादाद में भुआ पिल्लू। तब मुझे पता नहीं था कि यही भुआ पिल्लू एक दिन सुंदर तितलियाँ बन जाती हैं जिनके

पीछे हम बच्चे इतने दीवाने थे कि क्या कहें? रंग बिरंगी कई प्रकार की तितलियाँ। मेरी बेटी को पशु-पक्षी पसंद है परंतु जिस तरह का संसर्ग गाँव में बार-बार जाने की वजह से हम लोगों को मिला वैसा उसे नहीं मिल पा रहा है। ज़्यादातर पशु-पक्षी की जानकारी तो उसे नेट के द्वारा ही मिलती है। जबकि हमें उन्हें साक्षात देखने का सुनहरा अवसर मिला। इसलिए यह जरूरी है कि हम अपने आने वाली पीढ़ी को गाँव से जोड़े रखें। जब वो बड़े हो जाएंगे और अपने फैसले खुद लेने लगेंगे फिर वे गाँव जाना चाहते हैं या नहीं इसका फैसला ले सकेंगे ।

गाँव में एक आइस-क्रीम वाला आता था, जिसके पास लाल, पीले, सफ़ेद कई प्रकार के आइस-क्रीम होते थे। वो आइस-क्रीम वास्तव में बर्फ के गोले होते थे। बर्फ वाले गोले 25 पैसे में आते थे और सफ़ेद वाले जिसे वो दूध का बना बताता था वे 50 पैसे में आते थे। मैंने और मेरे भाइयों के चेहरे पर जो ख़ुशी उस बर्फ के गोले को पाकर दिखती थी, वो अब महंगे आइस-क्रीम में भी नहीं दिखती। ऐसा लगता था सारे जहां की खुशी मिल गई। सच है, सादगी में इंसान में एक भावना जरूर आती है- वो है कृतज्ञता की भावना और कृतज्ञता से एक शक्ति उत्पन्न होती है वो है ख़ुश रहने की शक्ति। जो मानव का हमेशा से सर्वोपरी लक्ष्य रहा है।

सिर पर अल्युमिनियम के बर्तन में दही ले कर आती वो बुढ़िया। सुबह से लेकर दोपहर तक बेचते-बेचते उसकी दही

खट्टी हो जाती थी लेकिन स्नेहवश लोग उसकी दही खरीद ही लेते थे। यह है गाँव की सादगी जो मुझे हमेशा याद आती है। हाँ, ये बात तो कहना भूल ही गया था कि बार्टर सिस्टम यानि कि वस्तु विनिमय प्रणाली थी उस समय। भुट्टा, चावल या दाल दे दो और ले लो बर्फ के गोले या फिर हवा मिठाई। चीनी के घोल से बनी अजीब सी मिठाई थी जिसे वो लठ मे लपेटकर लाता था और तरह तरह के खिलौने जैसे घड़ी आदि बनाकर पकड़ा देता था।

अनोखा खेल

बोरिंग से मुझे एक बहुत प्रिय खेल याद आता है जिसे हम कई सालों तक खेलते रहे वो था कुआं खोदने का। जब भी मैं यह खेल याद करता हूँ तो मुझे बतहा याद आता है। बतहा का मतलब होता है जो व्यक्ति सुन और बोल नहीं सकता है परंतु बतहा के साथ ऐसा नहीं था। वह सुन सकता था और बोल भी सकता था। हाँ, उसके कानों में कोई बीमारी थी जिसकी वजह से वो थोड़ा कम सुनता था।

वह पिताजी के एक मित्र ज्वाला प्रसाद जी का बेटा था। बतहा का एक छोटा भाई है रमेश जो उससे 3 साल छोटा और मेरा हमउम्र है। ज्वाला प्रसाद जी की बीवी यानी बतहा और रमेश की माँ और मेरी माँ की कोई रिश्तेदारी भी थी और उस लिहाज से वे मेरी नानी लगती थीं। ये सभी लोग जलालपुर में रहते थे, जो हमारे गाँव का पोस्ट-ऑफिस भी है। दो रास्ते हैं जो कमालपुर को जलालपुर से जोड़ते हैं। एक शॉर्ट-कट भी है हमारे गाँव के चौर को पार करते ही जलालपुर का चौर आता है और फिर जलालपुर गाँव। जलालपुर हमारे गाँव से ज्यादा बड़ा और

उन्नत गाँव है।

हम लोग जब गाँव जाते तो माँ रमेश की माँ से मिलने जरूर जाती थी, परंतु वे लोग न तो हमारे घर मिलते और ना ही माँ उनके घर जातीं थी। ये लोग कहीं बीच में किसी आम के बग़ीचे में मिलते और वही घंटों बैठकर बातें करते थे और फिर वापस अपने-अपने घरों को लौट जाते थे। एक गाँव से दूसरे गाँव जाने के लिए रिक्शा या टमटम के अलावा कोई दूसरा साधन नहीं था, शायद इसी वजह से वे दोनों गावों के बीच में मिलते थे ताकि किसी एक को भी ज्यादा चलना न पड़े।

अलबत्ता बतहा, रमेश और उनके पिताजी जरूर हमारे घर आते रहते थे। बतहा और रमेश कभी-कभी हमारे घर रुक भी जाते थे। जब वो आते तो कुआं खोदना और झोपड़ी जिसे हम मड़ई कहते थे उसे बनाना हमारा प्रिय खेल था। परंतु कुआं खोदने वाला खेल हमें सबसे ज्यादा पसंद था। हमारी एक टीम होती थी- सम्पत, रवि, बतहा और मैं। हम लोग कुदाल और खुरपी लेकर घर के पास वाले खेत में पहुँचकर एक छोटा गोला बनाकर खुदाई करते। लगभग पाँच फीट की खुदाई करते ही हमें गीली मिट्‌टी मिलने लगती थी। 2-3 फीट और खुदाई करने पर पानी भी मिलने लगता था।

पानी का ग्राउंड वॉटर लेवेल (वॉटर-टेबल) इतना ऊपर था कि हम लोग खेल-खेल में पानी निकाल देते थे। आज मैं यह सुनता हूँ कि उसी जगह अब 100 फीट की बोरिंग भी सूख जाती

है तो बेहद अचरज होता है। यह बेहद दुख देने वाली बात है कि जब तीस-पैंतीस सालों में यह हालत है तो अगले पैंतीस सालों में क्या होगा? वाकई हमारे बड़े बुजुर्ग इतने खुदगर्ज नहीं थे अन्यथा हम आज जो भुगत रहे होते उसका सहज अंदाजा लगाया जा सकता है। परन्तु हम अपने बच्चों को क्या धरोहर देंगे इसपर मैं अक्सर विचार करता हूँ। अफसोस! बस विचार भर ही कर पाता हूँ।

हमारा कुएँ का खेल उस समय तक चलता रहा जब एक दिन हमें यह पता चला कि बतहा के कान से मवाद रुक नहीं रहा और अंततः वह अपनी बीमारी का शिकार हो गया। कुछ सालों के बाद बतहा की माँ भी नहीं रही। कुछ सालों या शायद कुछ महीनों के बाद ज्वाला चाचा ने दूसरी शादी कर ली और कुछ सालों के बाद वह भी गुजर गए। रमेश अब अपने पिता की जगह शिक्षक बन गया है। मेरे पिताजी से वह बराबर संपर्क में रहता है। कभी-कभी फोन पर मुझसे भी बातें हो जाती हैं।

गाँव का मिडिल स्कूल

मेरे चचेरे भाई गाँव के इकलौते मिडिल स्कूल में पढ़ते थे। जब हम गाँव जाते थे तो उनके साथ हम भी स्कूल चले जाते थे। उन दिनों ऐसी कोई बंदिश नहीं थी कि दाखिला हो तभी आप स्कूल जा सकते थे और यही वजह थी कि हम जब भी गाँव जाते अपने भाइयों के साथ स्कूल चले जाते थे। उस स्कूल में बेंच नहीं थे, इसलिए हम वहाँ बोरा (जूट बैग) लेकर जाते थे और बोरे को चटाई की तरह इस्तेमाल कर उस पर बैठते थे।

जो भी हो, हमें बड़ा मजा आता था। आश्चर्य होता है कि ऐसे अभावों में भी पढ़कर उस समय के लोगों ने जीवन में अच्छी उपलब्धियाँ पाईं मेरे पिताजी भी उनमें से एक हैं। सच है अगर आप कमियाँ देखेंगे तो कमी देखते रह जाएंगे और अगर आपमें कुछ कर गुजरने का जुनून है तो आपको कमियाँ नहीं बल्कि अच्छा करने का हौसला मिलता है। क्लास से ज़्यादा हमें छुट्टी का बड़ी बेसब्री से इंतेजार होता था।

मुझसे छोटा अनिल बहुत छोटा था इसलिए वह स्कूल नहीं जाता था। मेरे तीन चचेरे भाई, मेरा बड़ा भाई और मैं हम पाँच

लोग स्कूल जाते थे। लगभग तीन-चार बजे स्कूल से छुट्टी मिलती थी और हम पाँचों की टोली जिसका नेतृत्व हमारे सबसे बड़े चचेरे भाई शंकर के हाथ में होता था पास के एक घर में जाते जहाँ शहतूत के पेड़ थे। शहतूत के मालिक की नजर बचा कर शंकर हम सब के लिए शहतूत तोड़ता और हमें खट्टे-मीठे लाल-लाल और जामुनी रंग के शहतूत खाते। उन शहतूत को खाने मे जो मजा आता था वो अब किसी भी फ़ल को खाने में कहाँ आता है।

एक बार हमें स्कूल में टीचर के द्वारा सूखे दूध बाटें गए थे। सूखा दूध हथेलियों में चिपक जाता था बड़ी मुश्किल से किसी तरह हमने उन्हें खाया। भाइयों ने बताया वह ऊंट का दूध था जो ख़ासतौर पर स्कूल के विध्यार्थियों के लिए राजस्थान से मंगाया गया था। उस बात में कितनी सच्चाई थी ये मुझे आज भी पता नहीं है।

स्कूल के पास का पोखर

आज के किसी मॉडर्न स्कूल में स्विमिंग पूल की उपलब्धता हो तो उसे प्रीमियम स्कूल की श्रेणी में रखते हैं परंतु बिहार में ऐसे बहुत सारे स्कूल हैं या थे जो पोखर के किनारे होते थे। पोखर यानी तालाब। हमारे मिडिल स्कूल के किनारे भी एक पोखर था। वहाँ पर कई चरवाहे अपने मवेशी खासकर भैंसों को पानी पिलाने के लिए और उन जानवरों को नहलाने के लिए लेकर आते थे। वहाँ पर मैंने कई अच्छे-अच्छे तैराक देखे थे। मैंने भी वहाँ तैराकी सीखने की कोशिश की थी परंतु सीख नहीं पाया था। मुझे इस बात का अफसोस है कि मैं गाँव के पोखर में तैराकी नहीं सीख पाया और पोखर में तैरने का मजा नहीं ले पाया।

जब हम अपने डर पर क़ाबू पाते हैं तभी कुछ कर पाते हैं। गाँव के पोखर में मैं तैराकी नहीं सीख पाया उसका सबसे बड़ा कारण मेरा अपना डर था। मेरे बाल सामने बाएँ सर की तरफ से घुंघराले हैं। मुझे बचपन से यह बताया गया कि यह भँवर है और जिन लोगों के सिर में भँवर होते हैं, उनके पानी में डूब

जाने का खतरा होता है। बस एक डर मेरे अंदर इस कदर बैठ गया कि मैं पोखर में तैराकी का अभ्यास कभी खुलकर नहीं कर पाया और हमेशा किनारे ही तैरने की कोशिश करता था और किनारे रह कर किसी ने भला तैराकी सीखी है? फिर मैं कैसे सीख पाता सो कितनी कोशिशों के बाद भी गाँव के पोखर में मैं तैराकी नहीं सीख पाया।

अंततः इस बात की खुशी है कि दो साल पहले कोच की मदद से स्विमिंग पूल में मैंने तैराकी सीख ली। अन्यथा ऐसा भी संभव था कि मैं कभी तैराकी नहीं सीख पाता। मेरी समझ से हमेशा हमें कुछ न कुछ नया सीखने की कोशिश करते रहनी चाहिए। आखिर इसी तरह से तो हम अपने अंदर छुपी शक्तियों को पहचान पाते हैं। साथ ही यह हमें जीवन के प्रति सकारात्मक सोच तथा उत्साह बनाए रखने में मदद करती है। जब भी मौका मिले उसका फायदा जरूर उठाना चाहिए। मेरे लिए वह एक मौका था तैराकी सीखने का लेकिन मैंने वह मौका खो दिया। लगभग 30 सालों के बाद पुनः मुझे तैराकी सीखने का मौका मिला। इससे मुझे यह भी सबक मिला कि अगर आप कोई अवसर चाहे किसी भी वजह से छोड़ते हैं तो फिर वह अवसर आपको दुबारा नहीं मिलता, हो सकता है कि उससे बेहतर अवसर मिल जाए परंतु वही अवसर दुबारा मिले ऐसा नहीं होता है।

खैर, बहुत सारे गाँव के लड़के उस पोखर में तैराकी करते थे।

उन सब तैराकों में मैं गनौरा को नहीं भूल पता। गनौरा हमारे बगल के घर में रहता था। उसके पिता ईंट के भट्टे में ईंट बनाने का काम करते थे। ज्यादा आमदनी नहीं होने की वजह से गनौरा को पढ़ने-लिखने और खेलने की उम्र में अपने पिता के साथ ईंट के भट्टे में काम करना शुरू करना पड़ा। उसके पास दो भैंसें हुआ करती थीं, जिन्हें वह अक्सर पगला गाछी (पगला गाछी हमारे गाँव का चरागाह था) में चराने के बाद स्कूल के बगल वाले पोखर में ले जाकर उन भैंसों को रगड़-रगड़ कर नहलाता था।

जब कभी मैं अपने भाइयों के साथ उस पोखर में नहाने जाता था तो मैं उसे पानी में खेलते और तैरते देखता था। तैरते-तैरते वह पोखर के बीच वाले काले रंग के खंबे तक पहुँच कर उस पर खड़ा हो जाता था। फिर वहाँ से कलाबाजियाँ खाते हुए ऐसे छलांग लगता था जैसे कोई खिलाड़ी तैराक किसी प्रतियोगिता में प्रदर्शन कर रहा हो। अगर जौहरी की नजर हीरे पर न पड़े तो वो एक मामूली पत्थर रह जाता है। आज जब मैं तैराकी प्रतियोगिता के लिए बच्चों को तैयारी करते देखता हूँ तो यह अहसास होता है कि गनौरा जैसे कई होंगे अगर उन्हें सही माहौल या सही मार्गदर्शन मिला होता हो आज वो लोग स्विमिंग चैम्पियनशिप में किसी अच्छे मुकाम पर होते।

हम लोग जब कभी छठ पूजा की छुट्टियों में गाँव जाते थे तो माँ और दूसरे छठ करने वाले उसी पोखर में सूर्य देवता को

अर्क देते थे। बड़ा खुशनुमा और सौहार्दपूर्ण माहौल होता था। छठ के समय इस पोखर को माहौल देखते बनता था खासकर सुबह वाले अर्क के समय जब सूपों (बाँस से बनी टोकरी जिसमें पुजा के दौरान फलों, और दूसरे पूजा के सामग्री रखते हैं) पर छोटे-छोटे दीये पोखर के चारों तरफ सितारों की तरह जगमगाते दिखाई पड़ते थे। हवन में घी तथा अन्य हवन सामाग्री की खुशबू से सारा वातावरण महक उठता था। सुबह के अर्क के बाद प्रसाद का वितरण। सचमुच त्योहारों का असली मजा इसे मिलजुल कर मनाने में ही है।

पथ्थल पोखरा स्कूल

एक और स्कूल मुझे याद है वह भी पोखर के ही बगल में था। रमेश के पिताजी उस स्कूल में टीचर थे। गाँव के सभी लोग उन्हें मास्टरसाब कहते थे। गाँव में अगर कोई महिला टीचर होती थी तो उन्हें सभी देवीजी कहकर बुलाते थे। कुछ छात्र बड़े शरारती थे लेकिन बदमाश न थे। मास्टरसाब पत्थल पोखरा स्कूल में टीचर थे। यह स्थान हमारे गाँव से लगभग दो या ढाई किलोमिटर की दूरी पर लालगंज के रास्ते पर पड़ता था। यह स्कूल मंदिर के प्रांगण में था और एक प्राइमरी स्कूल था।

चूंकि मास्टर साब से हमारे घरेलू संबंध थे तो माँ ने मुझे एक बार उस स्कूल में भेज दिया था। उस स्कूल के बारे में या वहाँ घटी घटनाओं के बारे में मुझे एक घटना के अलावा ज्यादा याद नहीं कि एक दिन मास्टर साब किसी छात्र पर बहुत गुस्सा हुए कारण शायद उसने गृह कार्य नहीं किया था। मास्टर साब ने उसे अपने पास बुलाया मैं वहीं पास ही जमीन पर बैठा था। वहाँ सभी छात्र नीचे जमीन पर ही बैठते थे चूंकि वहाँ कोई बेंच नहीं होती थी सिर्फ एक कुर्सी और मेज होती थी केवल मास्टर

साब के लिए।

मास्टर साब के हाथों में एक बास की पतली छड़ी थी, जब उस विद्यार्थी ने मास्टर साब के अनुरूप उत्तर नहीं दिया तो मास्टर साब ने पतली छड़ी हवा में लहराई और फिर ज़ोर से सटाक की आवाज हुई। वो छड़ी लहराती हुई उसकी पीठ को छूती हुई नीचे आई और मुझे भी जोरदार तरीके से छूते हुए निकाल गई। मास्टर साब का इरादा मुझे मारने का कतई नहीं था परंतु गलती से मुझे लगी और उन्हें पता भी ना चला। पर वो छड़ी इतनी ज़ोर की लगी थी कि मेरी आखें डबडबा गईं। मैं कुछ बोल न सका। मैं इतनी हिम्मत ही नहीं जुटा पाया कि मैं मास्टर साब को कुछ बोलता।

मास्टर साब से एक और मास्टर याद आते हैं अलखु मास्टर। उनका घर बेदौली चट्टी और पूल के बीच रास्ते में मुख्य सड़क के बगल में था। रमेश के पिता की तरह वो किसी सरकारी स्कूल के टीचर नहीं थे। हाँ, वे प्राइवेट ट्यूशन लिया करते थे। अलखु मास्टर के पिता वही लालगंज में किसी सरकारी विभाग में थे और उन्हें वो गाँव इतना पसंद आया कि उन्होंने अपनी सेवानिवृत्ति के बाद वहीं घर बना लिया और तब से वो वह वहाँ रहते हैं। सच है कि सपने को साकार करने वाले लोग कभी ये नहीं सोचते कि लोग क्या कहेंगे और न ही वो ज्यादा विश्लेषण करते हैं। जो दिल ने कहा और जिससे किसी का बुरा न हो बस कर डाला।

अलखु मास्टर के घर के निकट लालगंज से वैशाली जाने वाली मुख्य सड़क पर एक नहर के ऊपर एक पुल स्थित है। इस नहर में भैसालोटन से पानी आता था। भैसालोटन डैम इंडिया और नेपाल की बार्डर पर स्थित है। बरसात के समय यह नहर पूरी तरह भर जाती थी। पूल के बाएँ की तरफ कच्ची सड़क गाँव की तरफ जाती थी। नहर के दायीं तरफ हरे-भरे खेत नजर आते थे। नहर के बाएँ तरफ जो कच्ची सड़क थी उसके किनारे कई घर बने हुए थे। ज़्यादातर घर फूस के बने खपरैल घर थे।

यह दूसरा रास्ता था जो हमारे घर को जाता था। रास्ते में पड़ता था बाँसों का झुरमुट। उस झुरमुट के आस-पास लगभग आधा किलोमीटर आगे और पीछे या यूँ कह लीजिये कि उसके एक-आधा किलोमीटर कि परिधि में कोई घर न था। दोपहर के समय बिलकुल सन्नाटा रहता था। शाम के समय वहाँ से शायद ही कोई गुजरता हो। ये भी कहा जाता था कि वहाँ उन झुरमुटों में भूतों का डेरा है। ऐसे में एक दो बार मुझे अकेले वहाँ से गुजरना पड़ा तो डर के मारे हालत खराब हो गई थी बस हनुमान चालीसा पढ़ते हुए गुजरा था। धीर-धीरे वहाँ आस-पास घर बनते चले गए। लोग रहने लगे और ऐसा लगता है भूतों ने अपना डेरा कहीं और बना लिया।

बारिश का मौसम

बारिश के मौसम में वह पोखर पानी से लबालब भरा होता था और कई बार मछलियाँ भी दूसरे जगह से बहकर या तैरकर उस पोखर में आ जाती थीं। कुछ ऐसे भी मौके थे जब हम बारिश के मौसम में गाँव में थे शायद ऐसा 2-3 दफा हुआ होगा। लेकिन वो बारिश के दिन मैं भूल नहीं पाता। उस तरह की मुसलाधार बारिश अब देखनों को नहीं मिलती है। हमारे गाँव के पास से होकर जो नहर गुजरती है उसके साथ साथ एक कच्ची सड़क है जो अब पक्की हो गई है।

बारिश के मौसम में वह नहर पूरी तरह भर जाता था और बगल की सड़क कीचड़ की वजह से फिसलन भरी हो जाती थी। तब मैं 7-8 साल का था और चिकनी मिट्टी की सड़क पर फिसलन की वजह से मेरा चलना मुश्किल होता था। कितनी बार फिसलकर गिरता भी था। एक बार मैं अपने चचेरे भाई सम्पत के साथ लालगंज बाज़ार से लौट रहा था। शाम ढल चुकी थी और हम लोग पूल की तरफ से गाँव को लौट रहे थे। हमारे गाँव जाने के दो रास्ते थे एक मलंग जी की तरफ से और

दूसरा पूल की तरफ से।

80 के दशक में ना तो मलंग स्थान पर और ना ही पुल के पास कोई दुकानें थी पर अब उन दोनों जगहों पर बहुत सारी दुकानें हैं। लालगंज से लौटने में हमें देर हो गई। थोड़ा-थोड़ा अंधेरा होने लगा था बारिश भी हो रही थी और नहर पूरी तरह भरी थी। नहर का पानी सड़क को छू रहा था। उस समय जो नजारा मैंने देखा था उसे याद कर आज भी मैं रोमांच से भर जाता हूँ। मुझे लगता है जिन लोगों ने भी यह दृश्य अपने समय में देखा होगा वो मुझसे इस बात से इत्तेफाक रखेंगे कि प्रकृति के कुछ नजारे ऐसे होते हैं जिसे देखने वाले बहुत खुशकिस्मत होते हैं।

मैंने देखा कि नहर के दोनों किनारे हजारों की तादाद में बड़े वाले मेंढक थे, सभी लगातार टर्र-टर्र की आवाज़ कर रहे थे। जब वे टर्राते थे तो उनके मुख के पास पीले-पीले रंग के बैलून नुमा चीज निकलती थी और फिर अंदर जाती थी, पीले-पीले रोशनी-सी जान पड़ती थी। वो नज़ारा वाक़ई बहुत खूबसूरत और रोमांचकारी था पर अफसोस पिछले 30 सालों में इंसानों के रहन-सहन ने जो क्षति प्रकृति को पहुंचाई है उसकी वजह से कई जीव या तो लुप्त हो गए हैं या फिर लुप्तप्राय है।

दो नहरें जो कभी पूरी न हो सकीं

मेरे गाँव की दो नहरें मुझे याद आती हैं जिन्हें आधा-अधूरा खोदा गया था। जिस सरकार या महकमे ने ये काम शुरू किया होगा उन्होंने अच्छा ही सोचा होगा। सिंचाई के क्षेत्र में एक महत्वपूर्ण कदम होता हमारे तथा आस-पास के दूसरे गाँवों के लिए। एक नहर तो बिलकुल हमारे झूलनी वाले खेत (एक खेत का टुकड़ा जिसे माँ झूलनी वाला खेत कहती है) से होकर गुजरती थी। मैं कई सालों तक सुनता रहा कि ये दोनों नहरों के लिए फिर से काम शुरू होगा और जल्दी ही दोनों नहरों में पानी आने लगेगा।

परंतु वो दिन कभी नहीं आया। जो आधी-अधूरी नहरें खुदी थी अब वो समतल जमीन है, जहां खेती होती है। अब जब मैं उन चीजों को याद करता हूँ तो यह समझ में आता है कि कई प्रोजेक्ट जो गाँव के लिए या फिर शहरों के लिए शुरू किए जाते हैं वो कैसे भ्रष्टाचार की बलि चढ़ अपना दम तोड़ देते हैं। मुझे लगता है अगर इस तरह का भ्रष्टाचार अगर हमारे यहाँ व्याप्त न होता तो शायद अब तक हम दुनिया के सबसे समृद्ध देशों

में से एक होते और गाँव के किसान और मजदूरों का शोषण और ग्रामीणों का पलायन नहीं होता। नहर की कमी की वजह से उन दिनों और आज भी हमारे गाँव में सिंचाई का मुख्य साधन बोरिंग है।

पगला गाछी

गाछी का अर्थ होता है बगीचा। एक ऐसी ही गाछी थी जो हमारे घर से बेदौली चट्टी जाने के रास्ते में पड़ता था। गाँव से लगभग एक किलोमीटर की दूरी पर मुख्य सड़क से लगभग आधा किलोमीटर अंदर की ओर। उसके बाद पूरा इलाका चौर का इलाका था। परंतु पगला गाछी कोई आम, अमरूद या लीची का बागान नहीं था। फलों का कोई भी पेड़ वहाँ नहीं था। बल्कि यहाँ शीशम, पीपल और सेमल के पेड़ थे।

वैसे तो जो फलों के बगीचे होते थे उनके बीच-बीच में मकई या कोई और फसल लगती थी। परंतु पगला गाछी में कोई फसल नहीं लगती थी। उसे गाँव के चरवाहे लड़के उसे चरागाह की तरह इस्तेमाल करते थे। गनौरा भी अपने भैंसों को यही चराकर, अपने भैंस को पोखर में ले जाकर नहाता था। चरवाहों तथा घास गढ़ने वालों (हरे घासों को मवेशियों के लिए इकट्ठा करने वाले) के अलावा वहाँ यदा-कदा ही लोग मिलते थे और वह जगह सुनसान होने की वजह से डरावना भी लगता था

खासकर दोपहर के समय जब दूर-दूर तक कोई नहीं दिखता था।

परंतु मैं कई बार अपने भाइयों के साथ वहाँ जाता था। जब बड़े भाई लोग साथ होते तो डर नहीं लगता था। पगला गाछी की सबसे आकर्षक चीज जो मुझे लगती थी वह थी वहाँ विभिन्न प्रकार के पक्षियों का मिलना। पगला गाछी का दक्षिणी हिस्सा चौर से लगता था। जहां लगभग सालभर पानी जमा रहता था क्योंकि वह गाँव का सबसे निचला हिस्सा वाला जगह होता था। सफ़ेद बगुलों का झुंड उड़ते हुए या फिर खेतों में बैठे एक टांग उठाए बड़ी तन्मयता से ध्यान-मग्न मछली के इंतेजार में घंटों उसी मुद्रा में देखे जा सकते थे।

किसी को ध्यान करने की कला सीखनी हो तो बगुले से बेहतर कोई दूसरा नहीं हो सकता। यही वजह है कि छात्रों में जो पाँच गुण विकसित करने को कहा गया है उनमें 'बको ध्यानम' भी एक है अर्थात बगुले की तरह ध्यान। एक और पक्षी जो बहुत लुभावना दिखता था वह था कठफोड़वा। कठफोड़वे को शीशम के लंबे-लंबे पेड़ों को अपनी नुकीली चोचों से पेड़ के तने को खुरदते देखना एक आम झलक थी। हरे-हरे तोते तिस पर अपनी लाल-लाल चोंच के साथ जब समूह में उड़ते थे तो वो नजारा देखते ही बनता था। साथ ही कभी-कभी दिखती थी आकाश में मस्त उड़ते हुए चील। जैसे वो कोई गीत गा रही हो,

'मस्त बहारों का मैं आशिक मैं जो चाहे यार करूँ, चाहे गुलों के साये से खेलूँ, चाहे कली से प्यार करूँ, सारा जहां है मेरे लिए, हाँ मेरे लिए'। इसके अलावा कौवा, मैना और गोरैया की अपनी दुनिया थी। हाँ, पगला गाछी में कबूतर नहीं दिखते थे। कबूतर के लिए कुछ लोगों ने अपने घरों के आगे घर बना रखे थे वहीं कबूतर देखने को मिलता था।

गिद्ध

पगला गाछी की दूसरी साइड पर आम के बगीचे थे और वह जामुन का पेड़ भी था जिसपर भूतों का डेरा था ऐसा गाँववाले कहते थे। इन्हीं बग़ीचों के पीछे वह आधी अधूरी नहर भी थी और यहाँ पर भी मरे हुए मेवेशियों को फेंक दिया जाता था। इसी कारण वहाँ गिद्ध और कौए के समूहों को अक्सर देखा जा सकता था। कई बार उस रास्ते से गुजरते हुए मैंने उन गिद्धों को देखा था। डरावने गिद्ध, जिनसे अगर एक बार आँखें मिल जाए तो बच्चे तो क्या बड़े भी डर जाएँ। हालाकि ऐसा कभी सुना नहीं कि उन गिद्धों की वजह से किसी का कभी कोई नुकसान हुआ हो या कभी कोई मुसीबत आई हो। परंतु अब वो गिद्ध कहाँ लुप्त हो गए, पता नहीं। अब मुझे कहीं भी वो गिद्ध नहीं दिखते और बहुत सारे पक्षी, पौधे अब लुप्त ही हो गए हैं।

ना सिर्फ पक्षी ही लुप्त हो गए बल्कि कुछ पौधे भी अब नहीं दिखते हैं जैसे कि पटुआ यानी की जूट। अब मेरे गाँव में मैं किसी को जूट की खेती करते नहीं देखता हूँ। ऐसा लगता है कि

प्लास्टिक के अंधाधुंध उपयोग ने पूरी प्रकृति को असंतुलित कर दिया है। अब जूट के बाग केवल स्टेटस सिम्बल हो गए हैं। पहले लोग मिलेट्स (जैसे कि मड़ुआ, रागी आदि) की खेती करते थे अब मिलेट्स की खेती बहुत कम होती है। हमारे गाँव की मिट्टी बहुत उपजाऊ है, ना-ना करते हुए भी वहाँ आसानी से तीन फसलें हो जाया करती थीं। खरीफ़ में मुख्य फसल के रूप में धान, रबी की मुख्य फसल के रूप में गेहूं और दोनों फसलों के बीच मूंग। यह सबसे आम फसल चक्र था उस क्षेत्र का।

इसके अलावा भी कई तरह की फसलें भी वहाँ होती थीं। गाँव के कुछ समृद्ध किसान खैनी की खेती भी करते थे। इसके अलावा कई तरह के सब्जियाँ भी वहाँ होती थी खासकर आलू, गोभी आदि। खैनी की खेती भी हमारे यहाँ बहुतायत में होती थी। ऐसा नहीं था कि जो समृद्ध किसान थे वे खैनी की खेती करते थे बल्कि जो खैनी की खेती करते थे वो समृद्ध थे। ऐसा कहते थे कि खैनी के पौधों की बच्चों की तरह देखभाल करनी होती है। जाहिर है, जो मेहनत करेंगे वही समृद्ध होंगे।

फलों में आम, अमरूद, जामुन, लीची भी बहुतायत में होते थे। कदम का एक पेड़ था देवकी पंडित के बथान के पास, उसमें इतने कदम के फल होते थे कि जितने भी खाओ खत्म ही नहीं होते थे। कितने फल तो जमीन पर गिरकर बर्बाद हो जाते थे। सचमुच एक पेड़ में लोगों को देने की असीम क्षमता है।

एक और समय की बात है। ना जाने कहाँ से हमारे खेत में एक शील यानी पोर्कुपाइन आ गया। फिर तो शंकर भईया की अगुआई में उस शील को पकड़ने निकल पड़े हम सभी भाई। शंकर भईया ने फटाफट एक केले का थम्भ काटा और उसे शील के ऊपर फेंका, एक दो बार तो नहीं लगा। फिर शील तेजी से झड़ियों में घुस गया और कहीं गायब हो गया फिर हमें दुबारा नहीं दिखा। वो पहला और शायद आखिरी अवसर था जब मैंने खुले में एक शील को देखा था।

उसी खेत के पास एक दिन हमने खरहा भी देखा था। घरों में जो पालतू ख़रगोश रखते हैं वो तो बिलकुल रुई की तरह सफ़ेद होता है परंतु यह खरहा हल्के भूरे रंग का था जिस तेजी से खेत में उछलते हुए आया उसी तेजी से गायब भी हो गया।

कुत्ते हमारे गाँव में कम ही थे बस कभीकभार दिख जाते थे। एक शाम पता नहीं कहाँ से हमारे खेतों में आ गए और मेरे पीछे लग गए। मुझे दौड़ाने लगे मैं बड़ी तेजी से भाग रहा था। एक कुत्ता भी मेरे पीछे भाग रहा था अचानक उसने मेरे ऊपर छलांग लगा दी। उसके नाखून हल्के से मेरे पैरों पर आ लगे। हालांकि बहुत ज्यादा तो नहीं लगे परंतु उसके बाद मुझे कुत्तों से डर लगने लगा और आज भी डरता हूँ।

सर्दियों में घूरे में आग तापना

गाँव में सर्दियों के मौसम का अलग मजा था। सर्दियों में उत्तर भारत में स्थित अन्य राज्यों की तरह बिहार में भी अच्छी ठंड पड़ती है खासकर उत्तर बिहार में। कई बार छठ पूजा के मौके पर भी हम गाँव जाते थे। छठ पूजा के समय भी ठीक-ठाक सर्दी होनी शुरू हो जाती थी और हो भी क्यों ना उस समय कौन सी मोटर गाड़ियाँ, एयर-कंडीशनर वगैरह चलते थे जिससे ग्लोबल वार्मिंग हो।

सर्दी ऐसी होती थी कि कई दिनों तक सूर्य देवता के दर्शन ही नहीं होते थे। हड्डियों को गला देने वाली कड़ाके की ठंड पड़ती थी। सुबह-शाम जब अत्यधिक सर्दी होती थी तो उससे बचने का एक ही उपाय था आग के सामने बैठे रहना। आग जलाने के लिए उन दिनों गाँव में हम लोग घूरे (अलाव) का इस्तेमाल करते थे। एक गोल या चोकौर आधी फीट गहरी छोटा गड्ढा बनाते थे फिर उसमें सूखी लकड़ियाँ डालकर जलाते थे।

कई बार मैं सम्पत भईया के साथ सूखी लकड़ियाँ इकट्ठा करने बगीचे में जाता था, कभी-कभी शीशम के पेड़ की खाल

यानी बार्क को खुरच लेते थे। हर सुबह-शाम इस घूरे में आग जलाने का काम होता था। आस-पास के लोग भी वहाँ आकर आग का मजा लेते थे और गाँव में जो हो रहा है उसपर चर्चा कर लेते थे। हम लोग कभी-कभी उस घूरे की आग में आलू भून कर भी खाते थे। बड़े स्वादिष्ट होते थे वे पके-भूने आलू।

आकाशगंगा

गाँव मे गर्मियों में अक्सर हम घर के बाहर और फिर जब छत वाला घर बन गया तो कभी-कभी छत पर सो जाते थे। अंधेरा होते ही हम खाना खा लेते थे और फिर आँगन या छत पर खटिया पर लेटकर आकाश में देखना एक अच्छा अभ्यास था। तारों को कई पलों तक देखना और उससे जुड़ी कहानियां सुनना अच्छा लगता था। उस समय शुद्ध वातावरण होने के कारण आकाश बिलकुल साफ रहता था इसलिए चाँद-तारे बहुत ही साफ और चमकदार दिखाई देते थे।

मंद हवाओं के बीच तारों का टिमटिमाना आकाश की दुनिया का अद्भुत नज़ारा पेश करते थे। ऐसा लगता था सारे तारे आपस में लुका-छिपी खेल रहे हों। आज हमारे बच्चे जो कहानियाँ या पाठ स्कूल की पुस्तकों में पढ़ते हैं, वैसी बहुत सी बातें हम बड़े-बुजुर्गों से कहानियों के माध्यम से ही सीख लेते थे। वो कहानियाँ आज भी मुझे वैसे ही याद हैं जैसे अभी-अभी सुनी हो। उस समय हमारे बड़े-बुजुर्ग तारों की कहानियाँ ऐसे सुनाते थे जैसे किसी के घर की कहानी हो इसलिए उन

कहानियों में जो पात्र और घटनाएँ होतीं थीं उनका एक अमिट चलचित्र हमारे मानस पटल पर अंकित रहता है।

गाँव के लोग

गाँव में ऐसे कई लोग थे जिन्हें मैं जानता था और अब भी जानता हूँ। वैसे तो बहुत सारे लोग थे और हैं परंतु सबके बारे में लिख पाना बड़ा ही कठिन है। लेकिन मैं उन लोगों के बारे में जरूर लिखूंगा जो मुझे प्रभावित कर गए या फिर जिनकी यादें मैं भुला नहीं पाता हूँ।

बासुदेव पंडित

मेरे गाँव की कहानी कुछ किरदारों को याद किए बिना पूरी नहीं हो सकती है। उन्हीं लोगों में से एक है बासुदेव पंडित जाति के कुम्हार साधारण से दिखने वाले एक व्यक्ति जो पेशे से एक रजिस्टर्ड मेडिकल प्रेक्टिशनर थे। उनके पास एक राजदूत मोटरसाइकिल थी। उन दिनों बुलेट, येजदी और राजदूत मोटरसाइकलें ही होती थीं। हीरो होंडा मोटरसाइकिल का आगमन अभी नहीं हुआ था। राजदूत की चाभी भी अजीब सी थी कील सी दिखने वाली।

बासुदेव पंडित को हम सभी बासुभाई कहते हैं। बासुभाई की

दिनचर्या सरल परंतु कठिन थी। सुबह लगभग 7-8 बजे वे अपनी मोटरसाइकिल पर एक भूरे रंग का बैग-जिसमें कई तरह की दवाइयाँ, इंजेक्शन, स्टेथोस्कोप, थरमामिटर आदि रहता था, उसे लेकर निकल पड़ते थे, दूर-दूर के गाँव में। सुबह मैंने उनको हमेशा चने और मक्के का सत्तू और प्याज़ खाते देखा था। यही खाना था उनका। दिनभर वे अपनी मोटरसाइकिल पर बीमार मरीजों को देखते-उन्हें सुइयां लगाते, सलाइन चढ़ाते, ताकत का टॉनिक देते और भी कुछ दवाइयाँ देते, उनकी दवाइयों का मरीज़ो पर अच्छा असर होता था।

मैंने उन्हें अपनी मोटरसाइकिल से एक गाँव से दूसरे गाँव सड़कों पर, पगडंडियों पर, कभी-कभी तो खेत के मेड़ों पर भी चलाते देखा था। मुझे यह सब इसलिए पता है क्योंकि मुझे भी वे कई दफा अपने साथ लेकर गए थे। करीब 5 बजे वो लालगंज पहुँचते और एक दवाखाने पर रुकते। वहाँ वे लगभग एक सवा घंटे रुकते। ढेर सारी दवाइयाँ खरीदकर अपने भूरे रंग के बैग में भरकर वहीं पास में एक चाय-नमकीन वाले की दुकान पर बैठकर नमकीन और मिठाई खाते। फिर हम गाँव चले जाते। एक दिन उन्होंने मुझे बोला, 'तुम बड़े होकर मेडिकल की पढ़ाई कर डॉक्टर बनना, बनोगे ना?'

मैंने ना में सर हिलाते हुए कहा, 'नहीं, मैं कृषि की पढ़ाई करूंगा'। दिल से कही हुई बात भगवान जरूर सुनते हैं, इसलिए हमें सोचसमझ कर ही बोलनी चाहिए। मेरी दिली तमन्ना थी

कि मैं कृषि के क्षेत्र में पढ़ाई करूँ और इस क्षेत्र से जुड़ी हर तरह की जानकारी इकट्ठा करूँ और मेरी यह इच्छा भगवान ने पूरी की। मैं एक कृषि स्नातक हूँ। मैंने अपने कैरियर की शुरुआत बैंक में एक कृषि अधिकारी के तौर पर शुरू किया।

बासुभाई ने 19-20 सालों तक बहुत जबरदस्त मेहनत की और अपनी कमाई से हर एक-दो सालों में कुछ जमीन खरीद लेते थे और उन खेतों में आम, अमरूद और लीची के बग़ीचे लगा देते थे। कुछ सालों के बाद उन बग़ीचों से भी उनकी आमदन शुरू हो जाती। धीरे-धीरे उनकी गिनती गाँव के चंद अमीर लोगों में होने लगी। हालांकि, गाँव के कई लोगों को मैंने यह कहते भी सुना कि सिर्फ सुइयां लगा कर और सलाइन चढ़ाकर उन्होंने ढ़ेरों पैसे इकट्ठे किए हैं।

लेकिन मैं नहीं मानता क्योंकि मुझे नहीं लगता कि जब वो मरीजों का इलाज़ करने जाते थे तो कोई उनके साथ गया होगा। मैं गया था उनके साथ, एक नहीं, कई बार। मैंने देखा था उन्हें सत्तू खाकर दिनभर मेहनत करते, एक दिन की मेहनत नहीं थी वह, लगभग बीस बरस लगाए थे उन्होंने, ना धूप देखी, ना बारिश, ना सर्दी, सेवाएँ की थी लोगों की उन्होंने, यूहीं थोड़े मेहरबान हो जाती है लक्ष्मी माँ। कोई एब नहीं था उनमें, ना बीड़ी, ना सिगरेट, शराब ना ताड़ी। बड़ा आसान होता है किसी की आलोचना करना लेकिन ठहरकर जब लोग अपने कर्मों के देखेंगे तो उन्हें उत्तर मिल जाएगा।

चाहत रखना बिलकुल सही है लेकिन उस चाहत के अनुरूप मेहनत और त्याग भी तो करनी चाहिए। जब वो अपनी प्रैक्टिस कर रहे थे उसी दरम्यान उनकी पत्नी ने नर्सिंग का कोर्स कर लिया और फिर सरकारी अस्पताल में नर्स बन गईं। तब उनकी दो बेटियाँ थी, बेटे की चाहत में चार बेटियाँ हुई और फिर एक बेटा।

उन्होंने अब अपनी राजदूत बेचकर हीरो होंडा मोटर साइकिल खरीद ली और अब वह घूम-घूम कर लोगों का इलाज़ भी नहीं करते, एक दवाखाना बना लिया है। अब वहीं बैठकर लोगों का इलाज करते हैं और दवाइयाँ देते हैं। एक बार की बात है बासुदेव पंडित के यहाँ एक भोज था। गाँव में शादी के पहले बारातियों को बारात ले जाने के पहले खाना खिलाना हो या लड़की की शादी में खाना खिलाना हो या किसी बुजुर्ग के मरने पर लोगों को खाना खिलाना हो, सभी को भोज ही कहते थे।

मैं भी ऐसे कई भोज में शामिल हुआ था। वो सारे भोज जिनमें मै शामिल हुआ था मुझे याद हैं। लेकिन एक इसी भोज का जिक्र मैं यहाँ जरूर करना चाहूँगा। बासुभाई का परिवार बहुत बड़ा था क्योंकि उनके पिता देवकी पंडित पाँच भाई थे। उनके ढेरों बच्चे और उनके बहुत सारे बच्चे। मुझे याद नहीं किसकी शादी थी उनके यहाँ? उन दिनों गर्मी की छुट्टियाँ चल रही थी और हम लोग गाँव आए हुए थे। हम सभी निर्धारित समय पर उनके यहाँ भोज पर पहुँच गये। सब लोग पंक्ति में

बैठ गये।

सभी लोगों को खाना परोसा गया। गाँव के भोज में एक चीज जो मुझे बहुत अच्छी लगती थी वो यह कि अगर किसी ने अपना खाना पहले समाप्त कर लिया तो भी वो पांत छोड़कर नहीं उठते थे। एक आवाज दी जाती कि एकमत हैं? यानी क्या सभी ने खाना खा लिया उसके बाद ही-एकमत का जवाब दिया जाता कि हाँ एकमत हैं। फिर सभी लोग एक साथ ही उठते थे। ऐसा नहीं है कि मैं तरक्की के खिलाफ हूँ या रूढ़िवादी हूँ परंतु फिर भी कुछ चीजें या कुछ परम्पराएँ और रीतियाँ ऐसी हैं जिनका हमें पालन करना चाहिए। यह एक तरीके से सामाजिक निवेश है। मनुष्य एक सामाजिक प्राणी है और हम अपनी तरक्की से तभी खुशहाल हो सकते हैं जब पूरा समाज तरक्की के रास्ते पर हो।

लक्ष्मना

गनौरा के पिता रामदेनी दो भाई थे। रामदेनी का छोटा भाई जिसका नाम लक्ष्मना था और हम उन्हें लक्ष्मणभाई कहते थे। गाँव में सभी के कोई ना कोई कोई रिश्ता होता ही है। लक्ष्मनभाई मझौले कद के मजबूत कद-काठी के साहसी व्यक्ति थे। अपने बड़े भाई रामदेनी की तरह वह भी ईंट के भट्टे में काम करते थे। जब भट्टे पर काम नहीं होता तो दैनिक मजदूरी कर लिया करते थे। जहाँ तक मुझे याद है उन्हें

कोई व्यसन ना था। शराब, ताड़ी या बीड़ी नहीं पीते थे। हाँ, गाँव के ज़्यादातर लोगों की तरह खैनी जरूर खा लिया करते थे।

हमारा गाँव उनकी माँ का मायका था इसलिए वे मेरी माँ को ममानी (मामी) और पिताजी को मामा कहते थे। हमारे घर के बगल में ही उनका भी घर था। घरवाली और तीन बच्चों के साथ रहते थे। उनकी घरवाली ने एक भैंस बटाई पर ले रखी थी। बटाई का मतलब है कि भैंस का मालिक कोई और होता था पर डेढ़-दो साल के बाद जब भैंस बच्चा देती और उससे जो आमदनी होती उसे मालिक और पालने वाला आपस में आधा-आधा बाँट लेते थे।

घरवाली भैंस के लिए घास घढ़ती (काटती) या अपने पति की तरह दैनिक मजदूरी करती थी। हमारे घर के पास हमारे अलावा तीन कुनबे और थे। मैं छोटा था इसलिए अमीरी और गरीबी की उतनी समझ ना थी, फिर भी उनकी फूस की झोपड़ी जो कि खपरैल भी नहीं थी को देखकर इनता समझ में आता था कि उनकी हालत अच्छी नहीं है।

जब हम लोग गाँव जाते थे तो दोनों पति-पत्नी घंटों बैठकर माँ-पिताजी से बात करते थे। पता नहीं क्या बातें करते थे। मुझे लगता है माँ उनलोगों की पैसे से मदद करती होंगी। निस्वार्थ सेवा भाव क्या होती है ये गाँव वाले जानते हैं। ऐसी सेवा भावना लक्ष्मण भाई में थी। गाँव में कोई कुएँ में गिर गया यह कोई ऐसी बात नहीं जो गाँव के लोगों के लिए नई बात हो। सो हमारे

गाँव में भी ऐसा होता था।

गाँव के किसी कोने से अगर यह बात लक्ष्मनभाई के कानों में पड़ती, वो दौड़े-दौड़े आते। कुआं छोटा हो, संकरा हो, गहरा हो बिना इसकी परवाह किए कुएँ में छलांग लगा देते और डूबते को बचा लेते। कहीं से यह आवाज आती कि किसी के घर में कोई साँप घुस आया है तो चाहे वो साँप कितना ही जहरीला क्यूँ ना हो लक्ष्मनभाई हाजिर होते साँप से छुटकारा दिलाने को। अदम्य साहस था उनमें।

दुर्भाग्यवश, लक्ष्मनभाई अपने पचास साल पूरे ना कर सके। पहले उनकी बड़ी बेटी 14 साल में सिर की किसी बीमारी से चल बसी। बाद में पत्नी टीबी से मर गई। उसके दो वर्ष बाद वो खुद भी उसी बीमारी की चपेट में आकर दुनिया छोड़ गए। गाँव के लोग कहते हैं बीमारी से उनके परिवार की मौत हो गई। लेकिन मुझे लगता है उनकी और उनके परिवार की मौत बीमारी से जरूर हुई परंतु वो बीमारी टीबी नहीं बल्कि गरीबी थी।

आज उनका बेटा दैनिक मजदूर है, जिस गरीबी की मार से उसका पिता जूझता रहा, आज दसको बाद लक्ष्मनभाई का बेटा उसी गरीबी की मार से जूझ रहा है। कभी-कभी ऐसा लगता है, कुछ लोगों के लिए दुनिया दशकों के बाद भी नहीं बदली नहीं है, आज भी वहीं ठहरी है।

मालिन

एक मालिन थी जो पास के गाँव में रहती थी। उम्र यही कोई 50-55 साल के आस-पास होगी। छोटा कद गोरा चेहरा। दो-चार दिन छोड़कर वह सर पर एक टोकरी लिए आती थी। उस टोकरी में वह पान के पत्ते, चूना और कत्था ले कर आती थी। साथ में होते थे घुघनी और गुलगुले। घुघनी चने की रसदार सब्जी होती है और बहुत ही स्वादिष्ट होती है। बड़े लोग पान का इंतजार करते और हम बच्चे घुघनी और गुलगुले का।

एक दो दफा मैं सम्पत भईया के साथ उस मालिन के घर भी गया था जब माँ किसी काम के लिए भेजती थी। मालिन का घर मुख्य सड़क के किनारे ही था। तरह-तरह के फूल लगे थे उसके घर के सामने खासकर लाल-लाल उड़हूल के फूल जो दूर से ही मन को मोह लेता था। मालिन बहुत मेहनती महिला थी, वह घर और बाहर के काम बहुत ही बखूबी निभा लिया करती थी। गाँव के बच्चे, बड़े सभी उसे पहचानते थे।

हल्लागाड़ी

गाँव में कोई अखबार नहीं आता था और न ही कोई टेलीविजन वगैरह थे। हाँ रेडियो जरूर था और लोग सुनते भी थे। हमें समाचार में कोई दिलचस्पी न थी न गाँव के और न ही देश के। हमारी अपनी दुनिया थी और उसमें हम मस्त थे। फिर

भी हमें सभी समाचार मिलते थे चाहे गाँव के हों या राज्य या देश के। उनके पास ये सारी खबरें कहाँ से पहुँचती थी मुझे मालूम नहीं।

हमारे घर के पीछे कोई सौ-डेढ़ सौ गज़ छोड़कर तीन मुसलमान भाइयों का घर है। सैलून मियां, मैलून मियां और मण्डल मियां। तीनों भाई हैं और इनका कुनबा काफी बड़ा है। प्यार से हम सभी इन्हें चाचा बुलाते थे। सैलून चाचा की बीवी को सभी हल्लागाड़ी बुलाते थे क्योंकि वे जब भी हमारे घर आती, उनके पास ख़बरों का पूरा पिटारा होता था। गाँव की खबर से लेकर राज्य और देश की खबरें। शायद ऐसे ही लोगों की वजह से अखबार नहीं पढ़ने के बावजूद लोगों के पास खबरे पहुँचती थी।

उनके बच्चे कलकत्ता में रहते थे और काग़ज़ों का व्यापार करते थे। बड़ों के मुख से मैंने सुना था कि वे अच्छी कमाई करते थे और गाँव के कई लोगों को अपने साथ ले जाते थे जो शहर में काम करना चाहते थे। उनमें से बहुत सारे लोग अपना व्यापार शुरू कर अच्छी माली हालत में थे। उनके ईंट के पक्के घरों को देख कर भी इस बात का अंदाजा लगाया जा सकता था कि वो शहर में अच्छा कारोबार करते होंगे।

सैलून मियां के छोटे भाई मैलून मियाँ की पत्नी मेरी माँ की बहिनपा थी। बहिनपा पक्की मित्रता को कहते हैं जिसे एक रस्म के द्वारा पूरी विधी द्वारा सम्पन्न किया जाता था।

उसमें कुछ पाँच चीजें जैसे कि पान, सुपारी, धान, आदि का आदान-प्रदान कर यह दोस्ती की जाती है। अब ऐसा कुछ भी सुनने को नहीं मिलता है। अब दोनों अपनी-अपनी दुनिया में मस्त है। उनकी ऐसी दोस्ती रही भी नहीं क्योंकि माँ का गाँव जाना कम हो गया है। कभी-कभी उनकी फोन पर बात हो जाती थी। परंतु पिछले साल उनकी मृत्यु हो गई।

कल्लन मियां

कल्लन मियां पिताजी के मित्र थे और वो भी बासुभाई की तरह मेडिकल की प्रैक्टिस करते थे। कभी कभार वो हमारे घर आते थे। गाँव में चंद लोग ही थे जिनके पहनावे शहरी लोगों के तरह थे उनमें से कल्लन चा एक थे। कल्लन चा बाद में धनबाद शहर में रहने लगे। उनके कोई सम्बन्धी वहाँ रहते थे। जब पिताजी की पोस्टिंग धनबाद शहर में हुई तो उन लोगों की मुलाक़ात होती थी। वे हमारे घर आया-जाया करते थे। काफी दिनों तक उनकी दोस्ती रही बाद में जब पिताजी का तबादला धनबाद से डाल्टनगंज हो गया तो उनका मिलना-जुलना कम हो गया।

हीरा-मोती की जोड़ी

प्रसिद्ध लेखक प्रेमचंद दो बैलों की जोड़ी हीरा-मोती को अमर बना गए। बैलों के बिना गाँव की कल्पना नहीं की जा सकती है। मेरी भी गाँव की कहानी बिना बैलों के पूरी नहीं हो सकती है। हमारे घर पर या तो हीरा रहता था या फिर मोती। मतलब हमारे घर पर एक ही बैल रहता था क्योंकि गाँव में हमारे पास इतनी जमीन नहीं थी कि दो बैल रखे जाएँ। एक बैल रखने का मतलब था किसी एक और बैल वाले के साथ अपने बैल को साझा कर बैलों की जोड़ी बनाकर खेतों में जुताई आदि का काम करना।

जब भी कोई बैल आता तो चाचाजी उस बैल की देखभाल कुछ दिन तक करते और कुछ दिनों के बाद बैल बेच देते थे। पिताजी और माँ इस बात को कभी समझ नहीं पाये कि वो ऐसा क्यों करते थे? जहां तक मुझे लगता है मवेशी रखने का मतलब कि आपको उसकी देखभाल इन्सानों की तरह करनी है। सुबह शाम नियमित रूप से खाना देना, उनके रहने की जगह की साफ़-सफ़ाई करना। यानी कि एक बंधन और मेरे चाचाजी

किसी बंधन में बंधने वालों लोगों में नहीं थे।

यह लगभग हर साल का किस्सा था पिताजी जब गाँव जाते माँ की जिद की वजह से एक बैल खरीद देते। चाचाजी कुछ दिनों तक बैल की सेवा-भाव करते और फिर दो-तीन महीनों के बाद उसे बेच देते। मैं जब गाँव जाता तो बैल के लिए अपने भाइयों के साथ मिलकर घास इकट्ठा करता। उसके लिए कभी-कभी नाद में पानी भरता और चारा डालता। मुझे बहुत अच्छा लगता था।

उससे भी ज्यादा मजा मुझे तब आता जब मैं बैलों के पीछे लगे हेंगा (लेवलर) पर बैठता था। हेंगे का इस्तेमाल खेतों को जोतने के बाद खेत को लेवल करने के लिया किया जाता था या फिर धान के पौधों की रोपणी के पहले खेतों को कदुई यानी पलवेराइजेशन करने के लिए किया जाता था। बैलगाड़ी पर चढ़ने का अलग मजा था। मुझे याद है एक बार मैं बैलगाड़ी में बैठकर एक बारात गया था। बारात हमारे गाँव से लगभग 30 किलोमीटर दूर जढुया नामक गाँव जोकि हाजीपुर के पास है वहाँ गई थी। कितना समय लगा था मुझे ठीक-ठीक याद नहीं। शायद ढाई-तीन घंटे लगे होंगे। लेकिन वह अनुभव भुलाए नहीं भूलता। बैलों के गले में बंधी घंटिया उनकी चाल की ताल के साथ मिलकर एक मधुर संगीत बनाते थे।

आज भी मेरा एक सपना है कि मेरे पास एक फार्म हाउस हो जहाँ मैं बैल तो नहीं रखना चाहता परंतु गाय और घोड़े जरूर

रखना चाहता हूँ। मुझे विश्वास है कि मेरा यह सपना अवश्य पूरा होगा। खैर अब गाँव में बैल का दिखना एक दुर्लभ दृश्य हो गया है। फार्म-मेकेनाइजेशन के नाम पर हम इंसानों ने एक बड़े संसाधन को समाप्ति के कगार पर पहुँचा दिया है।

साइकिल

गाँव की एक और चीज थी जो मुझे बेहद पसंद थी। जिसे कॉलेज के दिनों में और बाद में नौकरी में आने के बाद बिलकुल भूल गया। लेकिन अभी फिर से मैंने वह कार्य शुरू किया है और बड़े उत्साह से शुरू किया है। जिसने मेरी पूरी जिंदगी बदल दी। मैं साइकिल की बात कर रहा हूँ।

पिताजी को मैंने एक बार साइकिल चलाते देखा था। पिताजी ने साइकिल चलाना क्यों छोड़ दिया मुझे पता नहीं। बहुत सारे लोग अब साइकिल नहीं चलाते हैं शायद साइकिल नहीं चलाना एक स्टेटस-सिम्बल हो गया है। मैं धन्यवाद देता हूँ ईश्वर को कि मुझमें फिर से साइकिल चलाने की समझ और सदबुद्धि दी और मैंने कई लोगों को साइकिल चलाने की प्रेरणा दी और दे रहा हूँ। साइकिल से मेरे जीवन में एक ऐसा अभूतपूर्व परिवर्तन आया है जिसके बारे में मैं पूरी किताब लिख सकता हूँ।

यहाँ मैं साइकिल से जुड़ी उन यादों को आपसे साझा कर रहा हूँ जो मेरे गाँव से संबंध रखती हैं। मैंने साइकिल चलाना

गाँव में सीखा, पहले हाफ-पैडल और फिर फूल-पैडल। उसी बरगद के पेड़ के नीचे जिस पेड़ की कहानी के बिना मेरे गाँव की कहानी पूरी नहीं हो सकती है। वैसे तो बरगद या पीपल के पेड़ की कहानी के बिना किसी भी गाँव की कहानी पूरी नहीं हो सकती है।

मैं जिस समय की बात कर रहा हूँ उस समय हमारे गाँव में सिर्फ दो मोटरसाइकिल थी एक बासुभाई के पास और दूसरी आले मियां के पास। आले मियाँ जो गाँव के रिश्ते के हिसाब से हमारे दादा लगते थे, गाँव के सरपंच भी थे। उन दिनों साइकिल ही आने जाने का मुख्य वाहन था। मुझे याद नहीं वो किसकी साइकिल थी लेकिन एक दिन साइकिल ले कर मैं बरगद के पेड़ के पास पहुँचा। बरगद पेड़ के दक्षिण दिशा मे कोई 25-30 मीटर कि दूरी पर एक पीपल का पेड़ था और वही पर आधी कटी हुई पेड़ की शाख रखी हुई थी।

बरगद के पेड़ से दक्षिण की तरफ थोड़ी ढलान थी। मैं साइकिल ले उस ढलान पर पहुँचा किसी तरह अपने पैरों को साइकिल के फ्रेम में फंसाकर ढलान पर साइकिल उतार दी। थोड़ी दूर चलने के बाद उस कटे हुए पेड़ से टकराते-टकराते बचा। दूसरी बार फिर दोहराया और इस बार उस कटे पेड़ से टकरा कर गिरा और चोट लगी, इधर-उधर देखा फिर खड़ा हुआ एक और कोशिश। हर बार उस कटे पेड़ से टकराता क्योंकि मैं ढलान से कोशिश करता और साइकिल वहाँ से तेजी से चलती

मैं बैलेन्स कर नहीं पाता था और नतीजा गिर जाता था। कितनी बार गिरा ये याद नहीं । कुछ दिनों की नाकामयाब कोशिशों के बाद मैं हाफ-पैडल साइकिल चलाने में माहिर हो गया। फिर क्या था हाफ-पैडल के आत्म-विश्वास ने फुल-पैडल के लिए रास्ता साफ़ कर दिया।

यह घटना मेरे लिए जिंदगी का एक बहुत बड़ा पाठ था। आज भी जब मैं कोई नया कार्य करता हूँ तो जिंदगी का यह फलसफा उसे करने को प्रेरित करता है, किसी भी चीज को हम सीख सकते हैं। कई नाकामयाब कोशिशें एक कामयाब परिणाम देती हैं। इस पाठ का इस्तेमाल मैंने मैराथन की तैयारी में, अपने लेखन जीवन में किया। उन लोगों को जो सीखने के लिए तैयार होते हैं उन्हें भी यही सीख देता हूँ।

मैं फुल-पैडल साइकिल सीख चुका था। चूंकि तब तक पिताजी ने शहर में साइकिल नहीं खरीदी थी, इसलिए गाँव में साइकिल चलाने का कोई भी अवसर जाने नहीं देता था। जब भी जहां भी मौका मिलता साइकिल जरूर चलाता था। इस बीच एक दिन मैं बासुभाई के साथ उनके दैनिक ट्रिप पर निकला था। एक घर के बाहर अपनी राजदूत मोटरसाइकिल लगा कर वो अंदर मरीज को देखने गए और मैं बाहर मोटर-साइकिल के पास इंतजार करने लगा। थोड़ी देर बाद मैं मोटरसाइकिल पर दोनों तरफ पैर कर बैठ गया जब बासुभाई आए तो उन्होंने मुझे ध्यान से देखा और पूछा, 'तुम दोनों तरफ जरा पैर जमीन पर

रखो, दोनों तरफ पैर पहुँचते हैं क्या?'

मेरे पैर दोनों साइड नहीं पहुँचते थे, इसलिए मैंने उनके साइड झुककर उनके साइड अपनी पैर जमीन पर टीका दी। उन्होंने देखा पर कुछ बोला नहीं। थोड़े और मरीज़ों को देखने के बाद, गाँव के बाहर एक खाली मैदान देखकर उन्होंने मोटरसाइकिल रोक दी। उसके बाद उन्होंने फिर मोटरसाइकिल कैसे किक मारकर स्टार्ट करते हैं, गियर-क्लच का तालमेल समझाकर बोले, "अब तुम कोशिश करो"। मैंने मोटरसाइकिल स्टार्ट की और मुझे आश्चर्य का ठिकाना नहीं रहा जब मोटरसाइकिल चल पड़ी। उसके बाद बासुभाई ने कई मौकों पर मुझे मोटरसाइकिल चलाने दी और कई दफा मैंने ही उनसे मांगकर मोटरसाइकिल चलाई और ये ख़ास अधिकार मुझे ही प्राप्त था, मेरे भाइयों या किसी और को नहीं।

इस तरह साइकिल और मोटरसाइकिल चलाना मैंने गाँव में ही सीखा। साइकिल से मुझे एक और वाकया याद आता है वो है नानाजी का साइकिल से अपने गाँव लोमा से कमालपुर आना। हमारा गाँव नानाजी के गाँव से लगभग 30 किलोमीटर दूर था।

जब भी हम गाँव जाते नानाजी हम से मिलने आते। उनके साथ नानीघर के कुछ और रिश्ते के मामा और नाना भी आते थे, कभी 4 तो कभी 5 लोग। मामाजी लोग जवान थे तो मुझे आश्चर्य नहीं होता था, परंतु साथ में नानाजी भी होते। उनकी उम्र 65 साल के ऊपर ही होगी और वह भी इतनी दूर साइकिल

चला कर आते थे। मुझे आज भी यह याद कर आश्चर्य होता है। एक दिन मैं भी अपने गाँव से नानाजी के गाँव तक साइकिल चला कर जाना चाहता हूँ।

हालाकि अब मैं 30 किलोमीटर की दूरी आसानी से साइकिल से तय कर लेता हूँ, फिर भी अभी मुझे अपने गाँव से नानाजी के गाँव तक साइकिल से जाने का मौका नहीं मिला है। नानाजी अब इस संसार में नहीं रहे। मामाजी लोग अब तरक्की कर साइकिल छोड़ मोटरसाइकिल चलाने लगे हैं और रक्तचाप, मधुमेह जैसे बीमारियों के शिकार हो चुके हैं।

अभी मैं सोचता हूँ कि अच्छी जिंदगी के चक्कर में जिन चीजों की बदौलत जिंदगी अच्छी थी उसे छोड़ दी। मैंने अपनी लाइफ स्टाइल में पिछले 2 सालों में जरूर कुछ परिवर्तन किया है, जिसका फायदा मुझे अब मिल रहा है। उन परिवर्तनों में साइकिल चलाना एक अहम हिस्सा है। मैंने कभी सपने में भी नहीं सोचा था कि मैं कभी 100 किलोमीटर साइकिल चलाऊँगा। परंतु मेरे लिए अब यह सपना नहीं बल्कि एक हकीकत है।

इंसान की जरूरत सीमित है, लेकिन लालचों का कोई अंत नहीं। शायद यही वजह है कि जंगल, पेड़, नदी, पहाड़, झरना आदि प्राकृतिक संसाधन गाँव में बचे हैं, उनका इंसान इस तरह दोहन कर रहा है जिसकी वजह से कई समस्याएँ विकराल रूप लेती जा रही हैं। उदाहरण के लिए हम पानी की समस्या को ले

सकते हैं। अगर अब भी हम न संभले तो आनेवाली पीढ़ी हमें कभी माफ नहीं करेगी। इस संदर्भ में हम जो भी कर सकते हैं, करना चाहिए।

घटनाएँ

होली

गाँव में होली का कुछ अलग ही माहौल होता था। पिताजी की मज़ाकिया भौजी थी जो हमारी चाची लगती थीं। वो हंसी-ठिठोली करने में कोई रिश्ता नहीं देखती थी। क्या देवर और क्या भतीजा, भतीजी यहाँ तक कि बेटों को भी नहीं छोड़ती थी। इनकी सबसे साफ़ तस्वीर जो मेरे मन में आती है वो उनका पनामा ब्रांड का सिगरेट पीना था। जब वह अपनी तर्जनी और मध्य उँगलियों के बीच सिगरेट को मुट्ठी मे दबाकर प्यार से जो लंबा कश लगाकर अपने नथुनों से धुआँ निकालती थी तो ऐसा लगता मानो कोई साधु चिलम का कश लगा रहा हो।

पुरुषों को तो ऐसा करते देखा था मैंने परंतु किसी महिला को ऐसा करते मैंने पहले कभी नहीं देखा था। वैसे तो वह बीड़ी पीती थी। लेकिन मुझे याद है पिताजी जब भी हम लोगों को लेकर गाँव जाते थे तो एक मिठाई की दुकान पर रुककर मिठाइयाँ खरीदते थे। फिर एक पान की दुकान से पनामा सिगरेट का बड़ा पैकेट जिसमें 20 सिगरेट होते थे वो जरूर

खरीदते थे। यह गाँव में जो मिलने आते थे उनके लिए था क्योंकि पिताजी की ब्रांड लाल डिब्बे वाली रिजेंट सिगरेट होती थी। बाद में पिताजी ने सिगरेट पीना छोड़ दिया लेकिन सिगरेट ले जाना नहीं भूलते थे।

वैसे तो कभी-कभार हमलोग होली में गाँव चले जाते थे। मैं छठी क्लास में था और उम्र यही कोई बारह साल की रही होगी। उस साल भी माँ-पिताजी ने सभी परिवार के साथ होली मनाने का निर्णय लिया और निर्णय लेते ही पिताजी ने छुट्‌टी ली, और हम सब चल पड़े गाँव। होली के दिन गाँव की मस्ती अलग ही होती है। होली खेलना तो कोई गाँव वालों से सीखे, सुबह होते ही पहले वो कीचड़ से होली खेलते हैं, दोपहर होते-होते फिर रंगों का सिलसिला शुरू होता है और फिर नहा-धोकर खा-पीकर तीसरे पहर शुरू होता है एक दूसरे के घरों में जाना और सूखे रंग यानी कि अबीर यानि गुलाल से होली खेलना।

छोटे बड़ों के पैरों पर गुलाल दल कर आशीर्वाद लेते हैं। होली के विशेष पकवान मीट, पुआ, ठेकुआ, निमकी, दही-बड़ा आदि की ख़ुशबू हर घर से निकाल कर बाहर के माहौल को और भी खुशनुमा बना देती थी। हर घर में लगभग एक- सा ही खाना बना होता था, फिर भी दूसरे के घर जाकर खाने में आनंद मिलता था और हमारे घर कोई आता तो हमें बड़ी खुशी मिलती थी। उनका स्वागत हम अबीर लगा कर करते थे। माँ उनके खाने के लिए कुछ लाने के लिए रसोई घर में चली जाती थी।

यह सिलसिला देर रात तक चलता रहता था। कहीं कोई समूह बनाकर डोल बजते हुये होली का गीत गाते और वहीं बच्चों की टोली लाल-हरा-पीला आदि रंगों का अबीर एक दूसरे को लगाते और हवा में उड़ाते हुये चिल्लाते, "बुरा ना मानो होली है।"

मैं होली खेलते-खेलते थक गया था और एक कमरे में मैं सो रहा था। पता नहीं कहाँ से मज़ाकिया चाचीजी आयीं और गीले रंग की पूरी बाल्टी मुझपर उड़ेल दी। फिर क्या था! गुस्सा आना तो स्वाभाविक था और ऊपर से मैं पूरी तरह थका हुआ था। ठंडे पानी में लाल रंग घुला हुआ जैसे ही मेरे शरीर पर पड़ा मैं गुस्से से आग को गोला बन पड़ा और गुस्से में उन्हें पता नहीं क्या-क्या बुरा-भला कह गया।

फिर माँ मेरी आवाज सुनते ही दौड़ी आई और मुझे शांत कर समझाया कि होली में यह सब आम बात है। आज के दिन खासकर बड़ो के साथ ऐसा व्यवहार नहीं करते हैं। मुझे बाद में अफसोस भी हुआ लेकिन चाचीजी ने बुरा नहीं माना। शायद यही परिपक्वता होती है। आज हम चाहे इमोश्नल इंटेलिजेंस पर कितनी बड़ी-बड़ी पुस्तकें और आर्टिकल पढ़ लें लेकिन निभाने की बात हो तभी तो असली परिचय मिलता है। लेकिन ये सारी बातें चाचीजी की दिनचर्या में शामिल थी।

संत कबीर ने सही कहा कि 'पोथी पढ़ी-पढ़ी जग मुआ पंडित भया न कोई, ढाई आखर प्रेम का पढ़ें सो पंडित होए'।

आप चाहे जितना मर्जी पढ़ लें, जितनी मर्जी दौलत, शोहरत

कमा लें, लेकिन आपने जीने का तरीका नहीं सीखा तो सब व्यर्थ। मज़ाकिया चाचीजी ने 'खुश कैसे रहें' विषय पर किताब नहीं पढ़ी और ना कोई क्लास की थी। खुश रहना उनकी जीवन में शामिल था। चाचीजी आज भी स्वस्थ है और मज़ाक करती है, न सिर्फ देवरों और भतीजों से बल्कि पोतों और पड़पोतों से भी।

होली से जुड़ी एक और मजेदार घटना थी वह थी करीम मियां की। करीम मियां छोटे कद के बात-बात पर चिढ़ने वाले व्यक्ति थे। होली का त्योहार था। नेपाली मामा आए हुए थे। माँ के दो बड़े भाई हैं। बड़े का नाम हरिवंश और छोटे का नेपाली। नेपाली मामा मुंहफट थे और जो मन में आया बोल दिया करते थे और किस बात पर कब नाराज हो जाएँ पता नहीं। होली के दिन जो भी घर के बाहर गुजरता उसे रंगों से सराबोर करने में लगे रहते।

करीम मियां जोकि हमारे घर के कुछ दूरी पर रहते थे, उस होली के दिन पता नहीं कहाँ से गुजर रहे थे। मामा ने जैसे ही उन्हें देखा रंगों की बाल्टी लेकर उनके पीछे भागे रंग डालने। करीम मियां ने उन्हें आते देख लिया बस फिर क्या था वो अपनी लूँगी समेट सरपट भागे। इस भागम भाग में उनकी लूँगी खुल गई उसके बाद तो सबका हँसते-हँसते बुरा हाल हो गया। किसी तरह अपनी लूँगी संभाल करीम मियां वहाँ से भाग लिए और उसके बाद कई दिनों तक दिखे भी नहीं।

हाट (बाज़ार)

हाट को हर जगह अलग–अलग नामों से जाना जाता है, कर्नाटक में इसे 'संती' तो पंजाब में 'हाट' तो झारखंड में 'हटिया' तो कहीं इसे बाज़ार के नाम से जाना जाता है। हमारे गाँव में यह 'पेठिया' कहलाता है। पेठिया का नाम लगने वाले जगह के नाम पर होता था। जैसे जददुपुर नामक जगह पर लगने वाले पेठिया को जददुपुर पेठिया कहते थे और यह हमारे गाँव के आस-पास लगने वाली पेठिया में सबसे बड़ा पेठिया था।

मैंने बहुत जगह इस तरह के हाट देखे परंतु जददुपुर पेठिया में जो चहल-पहल और रौनक देखने को मिलती थी वह कहीं और देखने को नहीं मिली। हर सप्ताह लगने वाला यह पेठिया किसी मेले से कम ना था। जरूरत का सारा सामान वहाँ मिलता था, ताजी साग-सब्जियों, मिठाइयों से लेकर कपड़े तक वहाँ मिलते थे। अब यह पेठिया लगता तो जरूर है परंतु इसकी रौनक कम हो गयी है। क्योंकि अब जरूरत के लिए कई स्थायी दुकानें खुल गई हैं।

विषहर मेला

यह एक मशहूर वार्षिक मेला हुआ करता था जो हमारे गाँव के बरगद के पेड़ वाली जगह पर लगता था और दूर-दूर के गाँव वाले इस मेले को देखने और ख़रीदारी करने आते थे। यह मेला दो-तीन दिनों तक चलता था। तरह-तरह के रंग-बिरंगे गुब्बारे, बांसुरियाँ, मिट्टी के खिलौने से लेकर औरतों के साजो-श्रृंगार के समान जैसे चूड़ियाँ, बिंदिया, झुमके, स्नो-पाउडर इत्यादि के अलावा बहुत सारी चीजें मिलती थी वहाँ। दो–तीन दिनों तक वहाँ बहुत शोर-शराबा और चहल-पहल रहती थी।

सभी दुकानों से आती रोशनी और गानों के आवाज़ के साथ-साथ लोगों की आवाज़े विषहर मेला को सफल बनाने के लिए काफी थी। इसके अलावा वहाँ मनोरंजन के कई साधन होते थे। वहीं पहली बार मैंने बाइस्कोप देखी थी। बाइस्कोप देखने का एक अलग आनंद था। अपने दोनों हथेलियों को अपने आखों के किनारे रखते हुये एक गोलाकार छेद से दिल्ली का लालकिला से लेकर आगरे का ताजमहल और ना जाने कितनी तस्वीरें देखी। बाइस्कोप देखकर बड़ा मजा आता था। कठपुतलियों का

नृत्य भी उतना ही आकर्षक होता था।

विषहर मेले की सबसे आकर्षक चीज थी, लोक नाच यानी लोक नृत्य। नृत्य के द्वारा गौरवशाली कथाएँ सुनाई जाती थीं। अल्ला-उदल की कहानी का नाटक नृत्य मेरे मन में आज भी ताजा है। यह कला अब विलुप्त हो चुकी है और इसके साथ ही जन जीवन से खो चुकी है इतिहास की कई क्षेत्रिय गौरशाली कथाएँ। आधुनिक रहन-सहन ने ऐसी कई चीजों को, जो हमारे इतिहास की अमूल्य धरोहर थीं, धीरे-धीरे खत्म कर दिया है।

साँप पकड़ना

तब मैं बहुत छोटा था हमारे घर से थोड़ी दूर पर एक विशाल बरगद का पेड़ था। वहाँ पीपल के दो और पेड़ थे जो बहुत ही पुराने और विशाल वृक्ष थे। वहीं एक बार मैंने एक मरे हुए साँप की पूंछ पकड़कर अपने भाइयों के साथ खेलते हुए उन्हें डराया था। वो जितना डरते मुझे उतना मजा आता और मैं उस साँप को लेकर उन लोगों के पीछे-पीछे भागता। चाची ने जब मुझे देखा तो मेरे पीछे भागीं और मुझे पकड़कर साँप को झड़ियों में फ़िकवाया और फिर अच्छे से नहलाया था। बस चाची की इतनी ही याद मुझे है। वह बहुत बीमार थी कैंसर हुआ था उन्हें, कुछ दिनों बाद वह बीमारी से हार गईं और घर-परिवार व दुनिया को अलविदा कह गईं। मैं शायद 4 या 5 साल का था तब उनका देहांत हुआ था, उनका सबसे छोटा बेटा शंभू मुझसे एक साल बड़ा था तब।

सांप से एक और बात याद आती है हमारे पुराने मिट्टी के घर में पता नहीं कैसे एक छिद्र में एक साँप बैठा था। जैसे ही परिवार वालों के पता चला, सांप को भगाने के लिए

लक्षमणभाई को बुलाया गया। लक्ष्मणभाई आए और उस सांप को बाहर निकाला। काले रंग का भयानक सांप था भाई लोगों ने मुझे बताया कि वो करैत सांप था। भारत में जहरीले सांपों में करैत का नाम कोबरा के बाद आता है।

सिनेमा हॉल

सिनेमा देखना मुझे अच्छा लगता था। एक सिनेमा हॉल था जो शायद किसी जमाने में आलू गोदाम था। वहाँ हम लोग कभी-कभी सिनेमा देखने जाते थे, बहुत पुराना था और जर्जर हालत थी उस सिनेमा हॉल की। सीट के नाम पर लकड़ी के बेंच थे । गर्मी इतनी लगती थी कि हाल के अंदर दर्शक शर्ट उतारकर, खाली बदन शर्ट से हवा करते रहते थे, लेकिन फिल्म देखने का शौक ऐसा था कि सब बरदाश्त करते थे, बाद में एक और सिनेमा हॉल लालगंज में बना जो सिनेमा हॉल की तरह था। वहाँ मैंने सम्पत भईया के साथ कई फिल्में देखी थी।

राशन की ख़रीदारी लालगंज से ही होती थी। बाज़ार में एक दुकान थी जहां से हम राशन खरीदते थे। कभी-कभी सब्जियाँ भी वहीं से खरीदी जाती थीं। जब भी हम किसी काम से लालगंज जाते वहाँ एक छोटी सी चाय की दुकान पर बैठकर समोसे और मिठाइयाँ जरूर खाते थे। चाय पीने की आदत बहुत बचपन से ही है मेरी। सो चाय जरूर पिता था मैं। हालांकि पुराने गाँव के लोगों में चाय का प्रचलन ना के बराबर था।

शायद अच्छा ही था।

लालगंज हमारा मुख्य बाज़ार हुआ करता था उन दिनों। क्योंकि आस-पास कोई दुकान नहीं हुआ करती थी गाँव में। बेदौली चट्टी और पुल दोनों ही जगह अच्छे बाज़ार हो गए हैं जहां जरूरत के सभी समान मिलते हैं, यहाँ तक कि कपड़े भी। लालगंज जाने का हमारा मुख्य साधन साइकिल ही था। 3 किलोमीटर की दूरी थी हमारे गाँव से लालगंज की, माँ और गाँव की दूसरी औरतें अक्सर पैदल ही आती जाती थीं। लेकिन तब हम तो पैदल लालगंज तक आने की कभी नहीं सोचते थे।

सोनपुर मेला

एक मेला है जो एशिया के सबसे बड़े मेलों में से एक माना जाता है और वह है सोनपुर मेला। मैं बारह-तेरह साल का रहा होऊंगा। एक दिन पिताजी ने परिवार के सभी लोगों के साथ जीप रिजर्व करके सोनपुर मेला देखने का प्रोग्राम बनाया। हमलोगों का प्रोग्राम सुबह से ही घर से निकल जाने का था। सबसे पहले सोनपुर पहुँच कर शिवलिंग पर जल चढ़ाकर नाश्ता करके मेला घूमने का प्लान बना। जीप सुबह-सुबह ही हमारे घर के दरवाजे पर आकर खड़ी हो गई।

हम सभी बच्चे नहा-धोकर तैयार खड़े थे। सबसे पहले मैं भाइयों के साथ जाकर जीप में बैठ गया थोड़ी देर बाद घर के बाकी सदस्य भी आकर बैठ गए और हम चल पड़े सोनपुर मेला। पूरे उत्साह के साथ सुहाना मौसम और खुली जीप ने सफर को और भी रंगीन बना दिया। हमारे गाँव से सोनपुर मेला करीब तीस किलोमीटर की दूरी पर होगा पर बातों-बातों में तीस किलोमीटर कब निकल गए पता ही नहीं चला।

सोनपुर पहुँचते ही हमलोग सबसे पहले वहाँ के एक

प्रसिद्ध शिवजी के मन्दिर पहुँचे। वहाँ पहुँचे तो देखा की आरती शुरू हो चुकी है। हमलोग भी आरती में शामिल हुए। आरती के बाद हम लोगों ने जल चढ़ाया, पूजा की और मंदिर घूमते हुए बाहर निकल गए। पास ही एक मैदान में बैठकर नाश्ता किया जो माँ नाश्ता घर से ही बना कर लाई थीं। नाश्ता करके हम सभी निकल पड़े मेला घूमने।

सोनपुर मेला बिहार का गौरव है। क्या नहीं था उस मेले में, जरूरत के सभी सामानों के साथ-साथ जानवरों का भी व्यापार हुआ करता था। तरह-तरह के रंग-बिरंगे पक्षी, गाय, बैल बकरियाँ, घोड़े, हाथी क्या नहीं था । लकड़ी का सामान, सभी तरह के बर्तन, फ़र्निचर, खिलौनें वहाँ मिलते थे। बहुत बड़े क्षेत्र में फैला हुआ था यह मेला। माँ ने बताया कि बहुत दूर-दूर से लोग इस मेले को देखने आते हैं। रात्री के समय लोक-गीत, नृत्य, संगीत, नाटक आदि का कार्यक्रमों का आयोजन होता है।

शुरू में मेला घूमने में बड़ा जोश रहा। कुछ खिलौने भी खरीद दिए पिताजी ने- मिट्टी और लकड़ी के बने खिलौने। मेले में जिधर देखता उधर दुकान ही दुकान और तरह-तरह के सामान दिखते। कुछ दुकानों में हमारी पसंद की चीजें दिखी, कुछ तो बिलकुल हमारे काम की नहीं थी। छोटे-छोटे कुत्ते के पिल्ले, सफ़ेद रुई से खरगोश, हरे-हरे तोते, और दूसरे रंग-बिरंगे विभिन्न प्रकार के पक्षी, जो दिखने में बहुत सुंदर थे। लेकिन मुझे मेले में जो सबसे आकर्षक चीज लगी वो थी लंबे-लंबे

शानदार हट्टे-कट्ठे चमकते हुए घोड़े जैसे फिल्मों में देखे थे, वरना तो अबतक दुबले-पतले टट्टू ही दिखाई देते थे जो टम-टम में जुते होते थे।

घूमते-घूमते हमलोग थक गए और जोश का स्थान अब थकान लेने लगी। तब घर के बड़ों ने यह निर्णय लिया की अब घर वापस चलना चाहिए। रास्ते में पिताजी ने बताया कि सोनपुर मेला को हरिहर मेला भी कहते है। यह कार्तिक मास जो कि अक्टूबर या नवम्बर का महीना होता है उसमें लगता है और पूरे एक महीने तक चलता है।

सोनपुर मेला के पीछे भी एक कहानी है। कहा जाता है कि एक बार एक मगरमच्छ और एक हाथी के बीच युद्ध शुरू हुआ। यह युद्ध नेपाल की किसी नदी में शुरू हुआ, शायद गंडक नदी। युद्ध करते करते ये हाथी और मगरमच्छ सोनपुर पहुँच गए। युद्ध के दौरान मगरमच्छ ने हाथी के पैरों को अपने दाँतों से दबा लिया। बहुत कोशिशों के बाद भी हाथी मगरमच्छ के दाँतों से अपना पैर नहीं छुड़ा पाया।

तब मदद के लिए हाथी ने भगवान विष्णु को याद किया और वहीं एक कमल के फूल को अपने सूँड से तोड़कर भगवान को याद कर उन्हें अर्पित किया। भगवान विष्णु मदद की पुकार सुनकर हाथी को बचाने के लिए आए। भगवान ने दोनों का युद्ध समाप्त करवाया। तब से सोनपुर मेला में हाथियों को

लाना शुभ माना जाता है और लोग हाथियों की पूजा करते हैं, खाना खिलाते हैं और आशीर्वाद लेते हैं।

नानीघर

मेरे नानीघर का नाम लोमा है। हाजीपुर से लगभग 15 किलोमीटर और सेंदुयारी चौक से 5-6 किलोमीटर अंदर गाँव में। सेंदुयारी के बाद कोई यातायात का साधन नहीं मिलता था। गाँव तक जाने के लिए या तो हाजीपुर से ऑटो या जीप में बैठकर सेंदुयारी तक जाना होता था या फिर हाजीपुर से सीधा लोमा तक टम-टम गाड़ी मिलती थी। टम-टम यानी इक्का गाड़ी जिसे एक घोड़ा खींचता है। कई बार तो सेंदुयारी से पैदल ही जाना पड़ता था।

एक दो दफ़ा हम टम-टम से भी गए थे। टम-टम सीधा नानी जी के घर तक ही ले जाता था। जब हम सेंदुयारी से लोमा जाते थे, छोटे रास्ते और कभी-कभी पगडंडियों जैसे रास्ते से जाना पड़ता था। रास्ते में आम के बग़ीचे, बाँसों का झुरमुट, घरों के आगे बैल, भैंस, गाय और बकरियाँ मिलती थीं। कई घरों के आगे सुंदर-सुंदर फूल भी मिलते थे। उरहुल के सुंदर लाल-लाल फूल और कनैल के पीले-पीले फूल भी। लगता है उरहुल और कनैल के फूल ज्यादा होते थे। शायद उसका कारण यह होगा

कि दूसरे फूलों के पौधों की तरह इसके लिए अलग से कोई देखभाल की जरूरत नहीं होती थी।

नानीजी के घर जाने में जो सबसे दिक्कत वाला सफर था वह सेंदुयारी से लोमा तक का था। लेकिन यह भी सच है कि नानीजी के घर जाने का सबसे यादगार सफर भी वही था। नानाजी के घर उतना मजा नहीं आता था, जितना कमालपुर में लगता था। उसके दो कारण थे पहला यह कि वहाँ कोई मेरे या मेरे भाइयों का कोई हमउम्र नहीं था। दूसरा वहाँ हमारा बग़ीचों में घूमना और खेलना बंद हो जाता था।

नानाजी हमेशा एक गाय रखते थे। नेपाली मामा की पत्नी यानी मेरी मामी उस गाय की देखभाल करती थी। उस समय कूकिंग गैस गाँव में नहीं आई थी, इसलिए लकड़ी जला कर खाना बनाना होता था। मामी की जो तस्वीर मेरे मन में है उसमें मैं उनको अक्सर खाना बनाते हुए, चूल्हे के आगे बैठे लकड़ियाँ फूंकते हुए देखता हूँ। उन्हें खाना बनाते हुए हमेशा देर हो जाती थी। रात का खाना बनते-बनते तक तो हम सो भी जाते थे फिर हमें जगा कर खिलाया जाता था।

नानाजी के घर के पास ही एक नीम का पेड़ था, जिसकी छाँव में लोग बैठते थे। जब भी मैं वहाँ जाता उस नीम के पेड़ के नीचे खेलता था और उसकी छांव में बैठता था। बहुत सालों तक वह विशाल पेड़ वहीं था। पाँच साल पहले जब मैं वहाँ गया था तो वो पेड़ वहाँ नहीं था कट चुका था। जब भी मैं दूरदर्शन में

'नीम का पेड़' सिरियल देखता था मेरे मन में उसी पेड़ की तस्वीर आती थी। आज भी जब मैं नीम का पेड़ सुनता हूँ तो उसी पेड़ की याद आती है।

नानीघर का वह विशाल नीम का वह पेड़ में कभी नहीं भूल सकता। सुबह-सुबह उठ कर लोग टहलते टहलते नीम के पेड़ की पतली टहनियाँ तोड़ दातुन कर लेते थे। एक बार मुझे याद है कि मुझे खुजली हो गयी थी। फिर उसी नीम के पेड़ के पत्तों को पानी में उबाल कर माँ ने नहलाया था तब वह खुजली ठीक हो गयी थी। नानाजी ने बताया था कि नीम में बहुत सारे गुण होते हैं, इसके छालों को छीलकर पानी में भिगो कर पीने से पेट की सारी तकलीफ़े दूर हो जाती हैं। पहले के लोग नीम के पत्तों और टहनियों को सुखाकर अनाज में रखते थे जिससे कीड़े नहीं लगते थे। वह नीम का पेड़ नहीं बल्कि जादुई वृक्ष था। नीम के पेड़ की छाँव में घंटों मैंने वहाँ के लोगों को बातें करते देखा था।

नहाने के लिए वहाँ एक छोटा कुआं था। कोई रनिंग वॉटर की सुविधा नहीं थी। उसी कुएँ से सभी घरों में पानी जाता था। जिससे घर के सभी काम होते थे। कुएँ के चारों तरफ सीमेंट से पक्का चबूतरे जैसे बना था, उस जगह लोग नहाते, कपड़े ढोते और आस-पास के घरों के बर्तन भी धुलते थे। हालांकि अब लगभग सभी घरों में बोरिंग और मोटर लग चुके हैं।

नानीघर में हमारी रिश्ते की एक बतही मौसी थी, ना बोल सकती थी, ना सुन सकती थी बस इशारों में बात करती थी।

सारे कुनबों में उनके पिता सबसे गरीब थे। पता नहीं गरीबों पर ही इस तरह की मार क्यूँ पड़ती है। मौसी की शादी किसी तरह उनके घर वालों ने करवा दी। परंतु ससुराल वालों ने उन्हें ज्यादा दिन तक नहीं रखा। जब माँ जाती थी तो वह बहुत ख़ुश होती थी, हमें देखकर भी वह बहुत ख़ुश होती, मुख से नहीं बोल पातीं। लेकिन बें... बें कर, इशारों से, ढ़ेरों बातें करती थीं।

उनकी भाव-भंगिमा देखकर ही लगता था कि वो कितनी ख़ुश होती थीं बात-बात पर और शायद यही उनकी परेशानी थी। जब आप सामान्य लोगों से ज्यादा ख़ुश होते हैं तो लोग आपको मंदबुद्धि करार देते हैं। जबकि अपने-आप को सामान्य और समझदार समझने वाले लोग ख़ुश रहने की कोशिश भर में ही अपनी जिंदगी निकाल देते हैं। पता नहीं कौन सामान्य है और कौन असामान्य?

ऐसे ही रिश्ते में एक और नाना थे जिनके बिना मेरे ननिहाल की कहानी अधूरी होगी। रतन नाना। लंबा कद, गोरा चेहरा, मस्त अदा और अंदाज। कंधे को झुकाकर और अपने बाएँ हाथ को आगे-बढ़ाकर जब बातें करते तो अपने को अमिताभ बच्चन से कम नहीं समझते थे। मेरे बड़े भाई रवि से शायद 2-3 साल बड़े होंगे। लेकिन पिताजी और माँ से ऐसे बातें करते जैसे कोई बुजुर्ग किसी बच्चे से बात करते हों। 30-35 साल हो गए जबसे वो सरकारी नौकरी ढूंढ रहे हैं। कुछ साल पहले फोन पर उनसे बात हुई थी तब भी वो सरकारी नौकरी ही

ढूंढ रहे थे।

उनके पिता ने एक शानदार घर बनाया था। बिलकुल किसी छोटे किले की तरह था। ऊंची बाउंड्री थी चारों तरफ, घर देखने में बहुत ही भव्य था लेकिन देख-रेख के अभाव की वजह से अब वह घर जर्जर हो चुका है। रतन नाना तीन भाई हैं और तीनों ने अपने अलग मकान बना लिए हैं। इंसान सोचता कुछ और है, और ज़्यादातर होता कुछ और है। रतन नाना के पिता ने इतने अरमानों से वह घर बनाया जिसमें आज कोई नहीं रहता। चारदीवारी खड़ी कर मकान बनाया जा सकता है, लेकिन घर जीवन मूल्यों और संस्कारों से ही बनते हैं।

नेपाली मामा जब तक शरीर में ताकत थी बाहर शहरों में ही काम करते रहे पर अब वो गाँव चले गए। एक समय था जब वो ऐसे मुँहफट थे कि किसी की नहीं सुनते थे। पाँच साल पहले जब मैं उनसे मिला था तो मैंने पहली बार मैंने उन्हें दूसरों की सुनते देखा था। उनका बेटा बोल रहा था और वो सुन रहे थे। सच कहा है किसी ने, समय से ताकतवर कोई दूसरा नहीं है।

उपसंहार

गाँव का खान-पान

खाने-पीने का वैसा कुछ मुझे याद नहीं आता बस सरल और सादा खाना मगर बहुत ही स्वादिष्ट । शायद खेलते-खेलते भूख का अहसास होता था उसके बाद ही खाना खाता था पर अभी तो समय देख कर खाया जाता है। हमारे खाने में तरह-तरह के अनाज शामिल होते थे जैसे कि मकई, जौ, मड़ुआ चने, मकई का सत्तू आदि। हमें मरुआ और मकई की रोटी भी अक्सर खाने को मिलती थी।

मेरा मानना है कि पारंपरिक अनाजों की उपज तथा खाने की आदत कई वर्षों में विकसित होती है और यह उस जगह के क्लाइमेट पर निर्भर करती है। गाँव के खाने में सबसे अच्छी बात थी की वह कोई प्रोसेस्ड फूड नहीं था और ना ही रेडीमेड फूड। मतलब जो चावल मिलता था वो भी घर में ही कुटे हुए मिलते थे। यही वजह है कि जो ऑइल की लाल-लाल परत चावल के दानों पर होती थी वह बरकरार रहती थी। तेल भी खुद के खेत के उगाये हुए सरसों का मिलता था जो कि आज एक

दुर्लभ चीज हो गई है।

आज हम छिलके वाले दालों को ढूंढते हैं पर वहाँ यह सब चीजें आम थीं। मैंने अपने भाइयों को तथा गाँव के दूसरे लोगों को खेती करते देखा था, मुझे याद नहीं कि धान और गेहूं के अलावा किसी फसल में वो खाद डालते हों। हाँ, गोबर और मवेशियों के बचे हुए खाने से जो जैविक खाद तैयार होता था उसका भरपूर उपयोग होता था। बैलगाड़ी में भर-भर कर इन खादों को खेतों में डाला जाता था। धान और गेहूं में जो खाद इस्तेमाल होता था वो यूरिया था पर वो भी सीमित मात्र में।

खान-पान के संदर्भ में इतना कह सकता हूँ कि वो समय वापिस आ रहा है जहां मेरे जैसे कई लोग यह महसूस कर रहे हैं कि अब बहुत हो गया कि अगर हमें उम्दा जिंदगी चाहिए तो जो बुनियादी चीजें है, जिसपर दुनिया कि सबसे बड़ी दौलत, स्वास्थ्य टिकी है, उसकी गुणवत्ता से कोई सम्झौता न करें और यही वजह है कि आर्गेनिक और नैसर्गिक चीजों की मांग बढ़ती जा रही है। आने वाले समय में आर्गेनिक खाद्य-पढ़ार्थों का एक बड़ा बाज़ार होने वाला है।

आज खाने की चीजों में अत्यधिक मात्रा में केमिकल्स का इस्तेमाल हो रहा है, जिसकी वजह से लोग कई प्रकार के नई-नई बीमारियों से ग्रसित हो रहें हैं। अगर हम आज नहीं चेतते हैं तो आने वाली पीढ़ी को कई ऐसी चुनौतियों का सामना करना पड़ेगा, जहां से वापस आना मुश्किल ही नहीं बल्कि नामुमकिन

हो जाएगा। हमारे बुज़ुर्गों ने इन मूल्यों को संभाल कर रखा, आने वाली पीढ़ी को इसके बारे में नहीं मालूम, ज़िम्मेदारी फिर हमारी पीढ़ी की ही बनती है ना?

नुकसान पहले ही काफी हो चुका है और इस स्थिति को बदलना बहुत मुश्किल है लेकिन हाँ इस क्षति को यहीं तक रोका भी जा सकता है। मैं जानता हूँ कि एक व्यक्ति के रूप में इस क्षेत्र में एक आमूलचूल परिवर्तन लाना एक बहुत बड़ी चुनौती है परंतु एक पहल तो मैं कर ही सकता हूँ। आज हमें एक निर्णय लेने की आवश्यकता है।

एक निर्णय जहां हम वापस बुनियादी चीजों को पकड़कर उसे बरकरार रखें, और यह न सिर्फ हमारे लिए जरूरी है बल्कि आने वाली जनेरेशन के लिए भी। ताकि वो भी समझ सकें कि बड़े बंगले, चमचमाती कारों, आँखों को चौंधियाने वाले मॉल, इंस्टेंट फूड, सीमेंट के पेवमेंट वाली सड़क के अलावा भी एक दुनिया है, जहां प्रकृति ने भरपूर मात्रा में अपना आशीष बरसाया है।

हमें जिंदगी में सफलता के मायने को फिर से परिभाषित करने की जरूरत है, जहां जीवन सर्वोपरि हो। जिंदगी सिर्फ तेज रफ्तार का नाम नहीं, यह स्थिरता का भी नाम है और इसके लिए चाहिए अदम्य साहस, बाहर देखने के बजाय अपने अंदर झाँकने और सच को स्वीकारने का साहस।

गाँव का अर्थ सिर्फ धूल, मिट्टी, गोबर और गरीबी नहीं है।

जब कोई पढ़ा लिखा इंसान अपने को गाँव से जोड़ेगा या गाँव के पढ़े लिखे नौजवान शहर मे पलायन करने के बजाय गाँव में ही रोजगार के अवसर का सृजन कर गाँव के लोगों को रोजगार प्रदान करेंगे तभी सही मायने में गाँव की तरक्की हो सकती है और इस तरह ना सिर्फ देश का बल्कि सम्पूर्ण मानव जाति का विकास संभव हो पाएगा।

गाँव का जीवन-मूल्य

ऐसा नहीं है कि गाँव में सब कुछ अच्छा था, कई तरह की बुराइयाँ भी थी जैसे अंधविश्वास, जातिवाद जो आज भी व्याप्त है। हालांकि जैसे-जैसे लोगों में शिक्षा तथा जानकारियाँ बढ़ रही हैं तो ये कुरीतियाँ भी धीरे-धीरे दूर हो रही हैं।

लेकिन फिर भी मैं यह मानता हूँ कि गाँव के पास कुछ अमूल्य चीजें है जिसे हमें सँजोने की जरूरत है। गाँव के लोगों के पास ज्ञान था और उस ज्ञान को उपार्जित किया गया था सैकड़ों सालों के तजुर्बे से। उस ज्ञान का अपना एक महत्व था, उस ज्ञान को खोने की वजह से ही आज के ज़्यादातर युवा पीढ़ी और युवा पीढ़ी ही क्यूँ बल्कि कई प्रौढ़ और बुजुर्ग भी कन्फ़्युशन में ही जिंदगी गुजार रहे हैं।

गाँव का जीवन उन दिनों संघर्षपूर्ण था परंतु शहरों से ज्यादा नहीं। मैं शहर को दूसरे दर्जे का जगह नहीं बता रहा हूँ परंतु गाँव के अपने ही फायदे थे और यह चीज हमें तब समझ में आती है जब लगभग सभी घरों में स्वास्थ्य की समस्या आ रही है। आज आप किसी भी घर में चले जाएँ तीन-चार सदस्यों

वालें घरों में भी कोई न कोई रोगी मिल ही जाएगें। उसकी वजह प्रदूषण और कीटनाशक वाले खाद्य पदार्थ हैं। और इनसब के ऊपर तनावयुक्त जीवनशैली।

गर्मी से राहत देने को पेड़ पौधों थे वह भी कम होते जा रहे हैं। पहले बरगद, पीपल, नीम आदि के पेड़ बहुतायत में होते थे जिनका कमर्शियल वैल्यू तो उतना नहीं होता था लेकिन उनका सोशल वैल्यू बहुत ही ज्यादा था।

गाँव के संसाधनों का सामुदायिक प्रबंधन किया जाए और गाँव के लोग मिलकर काम करें, बजाय हर चीज के लिए सरकार की तरफ देखने के तो गाँव अपने आप आत्मनिर्भर हो सकते हैं और रोजगार के साधन भी गाँव के नौजवानों को मुहैया कराए जा सकते हैं।

ऊर्जा के वैसे साधनों का उपयोग किया जा सकता है जो किफ़ायती हों, जैसे सोलर एनर्जी, गोबर गैस प्लांट आदि। इन साधनों का उपयोग कर गाँव को एक नया रूप दिया जा सकता है। लेकिन यह कुछ ऐसे संसाधन हैं जिनके लिए गाँव के लोगों को खुद ही जागरूक होना होगा। आज उनके पास वो सारी सूचनाएँ उपलब्ध हैं जो कभी गाँव में नहीं होती थी।

परंपरागत खेती की जगह अगर व्यासायिक खेती की तरफ ध्यान दिया जाए और छोटे-छोटे सामुदायिक फूड प्रोसेसिंग प्लांट्स जैसे कि चिप्स, केच-अप, हनी बौटलिंग आदि कई ऐसे क्षेत्र हैं जहाँ किसान आगे बढ़कर अपनी आमदनी निरंतर कर

सकते हैं और बढ़ा सकते हैं।

मेरे एक कॉलेज के सीनियर हैं श्री विजय भरत, जो अपनी संस्था मोबाइल एग्रिकल्चर स्कूल एंड सर्विसेस के माध्यम से राँची, झारखंड में किसानों की ट्रेनिंग तथा उनके उत्थान के लिए काम करते हैं। उनका कहना है कि 'खेती-बाड़ी यानी एग्रिकल्चर और उनसे जुड़े व्यवसाय को ग्लेमराइज़ नहीं किया गया है इसी वजह से नई युवा पीढ़ी इसे रोजगार या व्यवसाय के एक विकल्प के रूप में नहीं देखती है।

मैं ऐसे बहुत लोगों को जानता हूँ जो कृषि को एक ऑप्शन के रूप में देख रहे हैं, खासकर बिहार और झारखंड जैसे राज्यों में। परंतु ये शहरी लोग है, जो आज के गाँव के चैलेंज को नहीं देख पा रहे है। इक्का-दुक्का लोग जरूर इस खेती-बाड़ी में आ रहे हैं जो एक सकारात्मक कदम है।

मेरे माँ-पिताजी शुरू से ही गाँव से जुड़े रहे और आज भी गाँव की बातें याद करते हुये उनके चेहरे पर एक अलग ही चमक आ जाती है। वह हमेशा कहते है रिटायरमेंट के बाद गाँव में बस जाता तो अच्छा होता। शहर में रह कर सुबह-शाम गोलियां गटक रहा हूँ, वहाँ ताजी हवा और अपने खेतों में उगाये हुये शुद्ध शाक-सब्जियाँ और अपने खेत के अन्न खाकर मस्त और स्वस्थ रहता। बच्चों के मोहजाल में शहर में फंस गया।

आज जब मैं किसी को यह कहता हूँ की मैं आगे जाकर गाँव में बसाना चाहता हूँ व गाँव और गाँव के लोगों के लिए कुछ

करना चाहता हूँ, खासकर के वहाँ के बच्चों के लिए जो अपने अनमोल चीज की कोई मोल नहीं समझ पा रहे है तो ज़्यादातर लोग इसे मज़ाक में लेते है। हंसतें है और कहते हैं, 'क्या सर, इतनी अच्छी लाइफ़स्टाइल छोडकर आप गाँव जाने की कैसे सोच सकते है?' गाँव से निकलकर तो लोग शहर में बस रहे हैं।

लेकिन मैं इस बात को बड़े ही मजबूत ढंग से मानता हूँ कि आने वाले 15-20 सालों में लोग गाँव जाना पसंद करेंगे, लेकिन तब वो गाँव की जमीन और वहाँ की जीवन शैली एक आम पैसे वाले लोगों से दूर चली जाएगी और जो लोग अमीर होंगे वही गाँव के जीवन को अफोर्ड कर पाएंगे। विकास के नाम पर हमने कई बेहतरीन चीजों से मुंह मोड़ लिया है। लेकिन एक समय ऐसा आएगा जब लोग गाँव की तरफ रुख करेंगे और वह दिन दूर नहीं।

और मुझे इस बात की खुशी है की मेरा भी एक गाँव है।

www.ingramcontent.com/pod-product-compliance
Lightning Source LLC
La Vergne TN
LVHW050415160726
843469LV00041B/1081

* 9 7 8 9 3 5 4 5 8 1 9 7 7 *